# 爸妈说给
# 青春期女孩的
# 心里话

第2版

宗远 ◎ 编著

中国纺织出版社有限公司

## 内 容 提 要

青春期是每个女孩从儿童到成熟女人过渡的重要时期，此时的女孩无论是身体还是心理都在悄悄地发生着变化，这些变化会让女孩不知所措，这就需要我们父母为女孩解疑答惑。

本书针对青春期女孩的教育问题，从青春期女孩的生理知识和成长烦恼两个方面出发，并给予她们悉心的指导，让女孩健康快乐地度过暴风雨般的青春期。

### 图书在版编目（CIP）数据

爸妈说给青春期女孩的心里话／宗远编著. — 2 版. — 北京：中国纺织出版社有限公司，2021.4
　ISBN 978-7-5180-7596-6

Ⅰ.①爸⋯ Ⅱ.①宗⋯ Ⅲ.①女性—青春期—健康教育 Ⅳ.①G479

中国版本图书馆CIP数据核字（2020）第121242号

责任编辑：张　羽　　责任校对：高　涵　　责任印制：储志伟

中国纺织出版社有限公司出版发行
地址：北京市朝阳区百子湾东里A407号楼　邮政编码：100124
销售电话：010—67004422　传真：010—87155801
http://www.c-textilep.com
中国纺织出版社天猫旗舰店
官方微博http://weibo.com/2119887771
三河市延风印装有限公司印刷　各地新华书店经销
2012年7月第1版　2021年4月第2版第1次印刷
开本：880×1230　1/32　印张：7
字数：127千字　定价：39.80元

凡购本书，如有缺页、倒页、脱页，由本社图书营销中心调换

# 前言

有人说，女孩是妈妈的小棉袄，的确，女孩和男孩是不同的，男孩大大咧咧，女孩则需要父母更多的呵护。作为家长，不知你是否发现，曾几何时，我们的女儿还是一个一个叽叽喳喳、总在父母怀里撒娇的小女孩，经常闹着妈妈给她讲故事，吵着要买好吃的和漂亮的裙子，甚至经常和邻居家小男孩为了一个小玩具争吵起来，但不知道从什么时候开始女儿变得沉默了，她开始疏远我们，喜欢自己一个人躲在房间里，静静地写着自己的心事。女儿的世界，我们不再了如指掌，女儿也不愿再对我们敞开心扉了，我们开始担心，女儿到底怎么了？一时之间，作为父母的我们反而手足无措了，我们有太多的话要和女儿说，却又不知从何说起。

其实，我们要认识到，我们的女儿，是在慢慢长大的，我们的教育方式也不能一成不变，而女儿身上一系列的变化，就表明她进入青春期了。

青春期被称为"花季"，但也是雨季，青春期的一切都是朝气蓬勃的，但也是极具危险的，稍不注意，孩子就可能犯下无法挽回的错误。同时，这个时期的女儿还得面临学习、升学的压力，或许这些问题交织在一起，就是孩子为什么沉默的原

爸妈说给青春期女孩的心里话（第2版）

因了。而这些，都需要为人父母的我们进行疏导。

因此，我们决定编写这本书。这里，我们要告诉女儿，青春期是一个过渡阶段，是一个有风有雨的季节，但同时也是一个充满欢乐的季节。在这个季节里，有付出，有汗水，有痛苦，有挣扎，但这就是成长。走过青春期，你迎来的就是成熟，就是风和日丽。同时，亲爱的女儿，你要记住，成长的路上，不要害怕，父母是你最坚强的依靠和后盾。

这本书主要是从生理学、心理学和教育的角度，为青春期女孩提供一些成长必知的常识，里面包含了整个青春期的女孩可能遇到的困惑，女儿阅读它，可以帮助她更清晰地了解青春期的神秘，从而更顺利地解决这些困惑问题。另外，这本书还为女儿展现了一个青春期女孩正确的人生观、价值观，相信女儿会有所领悟。

因此，我们相信，这本书将成为很多青春期女孩的最贴心的礼物，同时，它不仅是一本书，更是一个父母教育女儿的助手。不但帮助孩子掌握生理卫生知识，还帮助父母对女儿进行心理上的辅导。

青春期是每个女孩成长的困惑期，也是父母的困顿期。可怜天下父母心，我们不妨把对女儿的爱化作对她的教导，让她度过一个健康、快乐的青春期。

编著者<br>2020年10月

# 目录

## 第一篇 别害怕，身体的这些变化很正常

**第1章 绽放女性美丽，以平常心看待胸部的发育 ‖002**

　　胸前有了小鼓包，是女性的美丽 ‖003
　　文胸该何时穿戴 ‖007
　　胸部胀痛和发痒是什么疾病吗 ‖011
　　乳头有分泌物，心里很惶恐 ‖016
　　乳房里面怎么会有硬的东西 ‖019

**第2章 月经来临，证明你的身体开始发育成熟 ‖024**

　　月经初潮，让女孩手足无措 ‖025
　　月经规律与否的标准是什么 ‖029
　　月经来了，肚子总是很痛 ‖033
　　如何挑选和使用卫生巾 ‖037
　　内裤上的分泌物是什么 ‖041
　　如何清洗和呵护女孩的私密处 ‖045

**第3章 何惧肌肤苦恼，这些小问题不必担忧 ‖049**

　　脸上长痘了，我能挤掉吗 ‖049
　　前胸后背长痘了怎么办 ‖053

如何去除鼻子上的黑头 ‖ 056
我的脸是个"大油田" ‖ 059
我可以自己脱毛吗 ‖ 062
化妆后的我，真的很好看 ‖ 066

第4章　不必忧虑，正视青春期的这些身体变化　‖ 070

身体上有体味，怎么去除 ‖ 070
狐臭是怎么回事 ‖ 074
为什么女孩子也会长胡子 ‖ 077
这么重的汗毛，真烦人 ‖ 080
女孩私处卫生要注意 ‖ 084

## 第二篇　心理变化：青春要与快乐同行

第5章　不必自卑，记住青春就是美　‖ 090

长相普通，我很自卑 ‖ 090
每天穿校服，真的很烦 ‖ 093
减肥减肥，我要变美 ‖ 097
我也想拥有"班花"的美貌 ‖ 100
我想化妆，想引起男生的注意 ‖ 103

第6章　烦躁不安，青春期的我就像个小刺猬　‖ 107

为什么我总是郁郁寡欢 ‖ 107
总是心情忧郁，无法自拔 ‖ 110

# 目录

别人对我的评价,让我很受困扰 ‖113
万一当众出丑,被人笑话怎么办 ‖116

第7章 情窦初开的年纪,收起心底的悸动 ‖120

身体发生变化,生怕被男生发现 ‖120
不敢和男同学大方交往怎么办 ‖124
我就喜欢长得帅的男明星 ‖127
我暗恋一个男生,很苦也很甜 ‖130

第8章 保护自己,女孩自尊自爱是第一位 ‖134

青春期女孩要学习一些性知识 ‖134
有了"性幻想",是不是就是个坏女孩 ‖137
什么是性早熟和性晚熟 ‖140
青春期的女孩不要过早进行性生活 ‖142
女孩儿,自尊自爱是第一位 ‖145

## 第三篇 成长烦恼:青春期总是伴随这些烦恼

第9章 热爱家庭,沟通是解决家庭烦恼的唯一密钥 ‖150

现在和父母沟通,真是越来越难了 ‖150
爸爸妈妈,请理解我 ‖153
被父母偷看日记,很气愤 ‖156
其实我也想分担些家务 ‖159
他们太忙了,我们根本没时间沟通 ‖162

爸妈说给青春期女孩的心里话（第2版）

第10章　融入校园，快乐的学生都受他人欢迎　‖166

　　"坏孩子"总是骚扰我，怎么办　‖166
　　旁边的同学总是找我说话，让我很困扰　‖169
　　我讨厌那些在背后说我坏话的同学　‖172
　　勤工俭学，会不会被人嘲笑　‖175
　　被人嘲笑，心里好难受　‖178

第11章　同窗之谊，当你和同伴之间发生矛盾怎么办　‖182

　　真正的友谊有什么判断标准　‖182
　　我的好闺蜜，跟别人交朋友了　‖186
　　被朋友"出卖"，怎么办　‖189
　　朋友找我借笔记，我不想借　‖192
　　考试时朋友让我给他抄答案　‖195

第12章　社会烦恼，青春期是向社会过渡的关键时期　‖199

　　我总是被一些社会青年"骚扰"怎么办　‖199
　　用什么样的方式接触社会才正确　‖202
　　我能参加一些社会活动吗　‖205
　　寒暑假，我想去打工　‖208
　　网络交往是不是都是骗局　‖211

参考文献　‖215

# 第一篇
## 别害怕,身体的这些变化很正常

# 第1章
# 绽放女性美丽，以平常心看待胸部的发育

时间过得真快，转眼，阳阳已经由一个可爱的小女孩变成一个亭亭玉立的大姑娘了。但在她成长的同时，也遇到了一些困惑，尤其是生理上的变化，让这个大大咧咧的女孩感到猝不及防，这其中就包括乳房的发育。

人类乳房与其他哺乳动物不同，仅仅只有胸前的一对，并来源于外胚层。而实际上，乳房的发育并不仅仅是青春期独有的过程，自出生后，乳房的发育也和女孩的身体一样，需要经历婴幼儿期、青春期、性成熟期、妊娠期、哺乳期以及绝经期等不同时期。自青春期开始，受各种内分泌激素的影响，女性乳房进入了一生中生理发育和功能活动最活跃的时期，直至绝经期。在经历了青春期之后，乳腺的组织结构已趋完善，进入了性成熟期乳腺。因此，乳房是青春期女孩发育开始的第一个信号。

亲爱的阳阳，当看到胸前鼓起的乳房，你可能会心慌意乱，但这是正常的生理现象，经过了青春期的发育后，你的胸部会变得饱满而高耸，因此，千万不要害羞，大胆地迎接青春期乳房的变化吧。当然，在发育过程中，如果遇到什么问题，一定要把爸爸妈妈当成你贴心的朋友，我们都会悉心为你解答。

## 胸前有了小鼓包，是女性的美丽

青春期女孩子的困惑：我的胸部生病了吗？

有一天下午，阳阳一放学回到家，就放下书包，把在阳台收衣服的妈妈拉到房间，神秘兮兮地对妈妈说："妈，我在电视上看过很多广告，都是关于乳房疾病的，什么乳腺增生啊，乳腺癌啊，我是不是也得了什么病啊？"

阳阳一直像个男孩子，说话、做事都大大咧咧的，怎么这会儿倒这么扭扭捏捏，说话还吞吞吐吐。然后又问："家里没有其他人吧？"

满脑疑问的妈妈不明白女儿到底怎么了，但一看到女儿盯着自己的胸部，就明白一二了。女儿胸部开始发育了，自然也就有了一点儿反应。

接着，阳阳又说："妈妈，其实，我也知道自己是发育了，但这也太难看了吧，这突然鼓起来了，周围人会不会笑话我？"

听着女儿这一番话，妈妈放下手中的活儿，把女儿拉到身边坐下，告诉女儿，这不是胸部疾病，而是胸部开始发育的迹象。

**爸妈送给阳阳的话：**

亲爱的阳阳，你知道吗？胸部的发育并不是见不得人的事，相反，它会让你呈现一种女性的美丽。因为乳房是女性重

爸妈说给青春期女孩的心里话（第2版）

要的第二性征器官，女孩进入青春期后，第二性征开始发育。乳房开始发育的年龄与先天的遗传和后天的营养都有关系。

所以，和你一样，很多青春期的女孩子都会遇到这样的问题，她们的胸部开始发育了，并慢慢地隆起，乳头乳晕部形成了一个小鼓包，她们也会感到惶恐和不安，因为一切同以前都不一样了。

生活中，不同性格的女孩对这一变化的反应是不同的，可归结为以下三种：

第一种，这些女孩大大咧咧，平时也很少关注这方面的事，乳房的变化并没有引起心灵的震动，还像从前一样蹦蹦跳跳，一副无所谓的样子。

第二种，这些女孩子比较细心，她们已经开始意识到自己正慢慢地长大，身体也在慢慢地发育，但这同时也会使得她们几分欢喜几分愁，令她们欣喜的是，她们再也不是小女孩了，她们长大了，能和那些成熟的女性一样变得美丽，拥有苗条的身材和坚挺的乳房了。而令他们愁的是，再也无法和那些男同学毫无顾虑地玩耍了，否则就会招来他人异样的目光；胸部开始发育，身体开始显示出曲线美，会被那些较晚发育的同龄人笑话；此时，她们会不由自主地脸红甚至会尴尬。而同时，每当感到乳房疼痛时，又会有些担心，不知这是怎么回事，不知这是不是正常情况，自己是不是生病了，也不知该向谁请教有

关这方面的问题,她们常常处于一种困惑状态,这甚至影响到其正常的学习和生活。

第三种属于个别现象,这些女孩认为乳房的发育是一件羞耻的事,极不愿意被别人看出自己的乳房已经开始长大,因而总是遮遮掩掩,穿很厚的上衣,戴很紧的文胸,将乳房紧紧地裹在里面,甚至故意含胸束胸,以遮挡乳房。

那么,亲爱的女儿,你究竟应该怎样看待青春期乳房的发育呢?对此,你需要先了解以下关于女孩发育问题的知识:

1. 青春期女孩乳房发育过程

实际上,男女性都有乳房,而且,青春期以前,男孩与女孩的乳房在外观上几乎没有什么区别。随着年龄的增长,女孩长到七八岁时,身体的各个系统开始逐渐发育,十岁左右,在多种激素的刺激下,比如卵巢激素、垂体激素和胰岛素等,导致女孩的乳房开始正式发育。女孩乳房开始发育的年龄也是因人而异的,但一般不超过16岁,如果超过16岁乳房仍未发育,应引起重视。

从青春期开始发育直至成熟阶段,是女性一生中乳房发育的重要时刻,其重要标志是在月经初潮前3~5年。青春期乳房发育的标志包括乳头、乳腺体积相继增大,乳晕范围扩大,其中以乳腺体积增大最明显,并随着乳腺组织扩增,乳房呈现圆锥形或半球形。乳房发育的另一标志是乳头与乳晕的上皮内黑色素沉着而使其颜色加深。评价乳房健康发育应考量乳腺、乳晕、乳头三者发育的比例关系。一般乳头与乳晕的发育成比例，但乳晕发育与乳腺关系更密切，乳头的大小与乳腺发育的程度关系较小。

从生理上来说，乳房生长于女性的前胸，起到哺乳的作用。女孩乳房发育一般到月经初潮后基本成熟，这时候，整个乳房组织都逐步发育，包括整个乳管系统及乳管周围组织同步发育，乳管末端增生成群，形成腺泡芽，皮下脂肪增多及纤维组织增生，使乳房呈现圆锥形残半球形，整个乳房增大，并显得丰满而有弹性。随着时间的推移，女孩的乳房将逐步定型。

2. 正确看待乳房发育问题

（1）关心自己乳房的发育。如果在乳房发育过程中出现乳房疼痛、肿块等，可以告诉爸妈，并让爸妈带着去看医生。当乳房已接近成人乳房大小时，应开始戴乳罩；也不要因为爱美而过早地戴上乳罩，不要戴过紧的乳罩，更不要因为害羞而含胸。

（2）乳房发育是青春期正常的生理现象，是青春期女孩身体开始发育的标志。乳房开始发育了，你应该高兴，而不是害羞，每个女孩都会经历这一过程，因此，既不要过于紧张，也不可毫不在意，应该重视自己身体的这一变化，因为女孩的身体是脆弱的，你要懂得呵护自己，要比以前更加注意保护乳

房，使其避免一切外来伤害。

在这里，爸妈让你了解这些，是希望你能正视青春期女孩乳房发育的问题，并能做到自信地挺起胸膛，让富有青春韵律的乳房尽显女性的风采。

## 文胸该何时穿戴

青春期女孩的困惑：我是不是也该穿文胸了？

这天晚上，阳阳做完作业后，趁着爸爸不在家，来到妈妈的卧室，对妈妈说了最近班上发生的事："我们班最近掀起了一阵文胸热，因为学校专门为女生组织了一次青春期生理教育课，老师告诉我们，女生到了这个年纪该戴文胸了。妈，你说，我是不是也该戴了？"

"是啊，我怎么忽视这点了呢，都怪妈妈，女儿长大了，明天妈妈就给你买啊。"

于是，第二天，左挑右选，妈妈给阳阳挑了一个。买回来之后，妈妈就让阳阳试了试。因为没戴过文胸，折腾半天，阳阳才穿好。

"妈，以后我不会每天都要戴着这玩意儿吧？"

"那当然，文胸就是保护胸部的嘛。"

爸妈说给青春期女孩的心里话（第2版）

"可是，这样也太麻烦了，我觉得穿个吊带衫也行啊。"

"那怎么行呢？前几年你还行，这几年你大了，不能还穿吊带衫，你看那些成熟的女性，谁不戴文胸？你现在是第一次戴，可能是有点不舒服，以后慢慢就会习惯了。事实上，适时地带文胸，对你的乳房保护和发育都有很大的好处，也会让你的胸部更健美。"

"嗯，看样子我是不得不戴了。"

**爸妈送给阳阳的话：**

亲爱的阳阳，你要明白，你这个年纪，应该穿戴文胸了。而关于你问的到底什么时候穿戴才合适的问题，这里，爸妈跟你探讨一下。青春期女孩穿戴文胸，不可过早也不可过晚。

这里，你需要了解以下关于穿戴文胸的知识：

1. 青春期穿戴文胸的必要性

青春期女孩随着身体的发育，乳房也逐渐成熟，它不仅能够体现出女性玲珑有致的身材美，更是肩负着哺育下一代的重大责任，所以我们要给它以最温柔细致的呵护。

因为乳房部位的组织和身体其他部位是不同的，乳房是由乳腺、乳腺管、脂肪和结缔组织等构成，内部没有骨骼和肌肉支撑，因此乳房如果没有一个支托，很容易导致下垂，甚至如果长时间处于无保护状态，会影响乳房的血液循环和发育，造成乳房松弛，导致乳腺管弯曲变形，影响乳房的外观形态和将来哺乳。当剧烈运动时，乳房也随之发生较大幅度的震动，会使人感到极不舒服，严重的还可能导致血液循环障碍而诱发乳房疾病。穿戴文胸不仅能保护乳房，而且使它能健康地发育，所以说女孩穿戴文胸是十分有必要的。

2. 何时穿戴文胸

一般说来，青春期少女在乳房发育基本趋于成熟之时，便可以穿戴文胸。这个年纪多半在17岁左右。过早或过晚穿戴，对乳房的发育都是不利的。倘若刚刚步入青春期的小女生戴上文胸，就会影响乳房的正常发育。但是，有些女生发育得早，有些发育得迟，要按实际情况而定。当女生胸部发育成熟后，就要戴文胸。可是，什么时候才算乳房发育成熟呢？我们可以用软尺测量乳房上底部经乳头到乳房下底部的距离，如果大于16厘米，就可以戴文胸了。

当然，少女过早穿戴文胸虽然会让胸部显得挺拔，富有曲线美，但却必然会对胸部有一定的束缚，对乳房的发育有一定的影响。

乳房的皮肤组织与身体其他部位不同，它比较娇嫩、敏感，而且更容易受伤，甚至在跑跳时都有可能牵拉到乳腺组织。因此穿戴文胸不仅可以保持乳房的稳定性和形态，而且在突出女性的形体美方面也有着重要意义。所以，青春期的女孩们，在适当的年龄穿戴上合适的文胸是很有必要的！

### 3.青春期女孩如何选择合适的文胸

青春期少女在选择文胸上,可能有一些羞怯感,其实,大可不必这样,因为文胸是每个女孩在发育过程中都应该穿戴之物,自然,选择正确的文胸,也是每个女孩要学会的一门课程。

目前市场上有各种各样的内衣可供选择,仅文胸产品就有魔杯、厚型、薄型、衬垫式、通透型等多种样式,这些文胸,都能在一定程度上弥补女性胸部发育上的一些缺憾,使得女性的身材看上去更丰满一些。但这些内衣都不适合少女。另外,女孩也不适合穿普通背心,因为它会压制乳房的发育。

那么,如何选择文胸的质地和尺寸呢?

(1)质地上,应选择一些质地相对较好的文胸。质地好的文胸,尤其在透气、通风上相对较好。

(2)颜色上,一般来说,少女都较喜欢粉色和白色的文胸,这两种颜色较素雅。穿校服时视觉上不会较明显地突出胸部,避免出现尴尬。当然戴文胸更重要的目的是为了维持乳房的正常功能,起到保健作用。

(3)在尺寸上,选择文胸的大小尺寸,要与胸围相符。这样,戴上后才会感到舒适。文胸太大,起不到支托乳房的作用;太小会压迫乳房,既感到不舒服,又会妨碍乳房发育。其实文胸的生命力在于它的底线,它能让乳房在文胸的承托下,有向上提起的效果,使女生不至于因为年龄的增长或者其他因素而导致乳房下垂或松弛。如果底线尺寸过大,就无法发挥应有的承托功能;如果过小,就会使胸部堆积,无法正常运动。

(4)根据季节选择文胸。可以说,文胸是女孩最重要的衣服,和普通衣服一样,也要随着季节的变换,适时地更换。也就是说,不同的季节,女孩要佩戴不同的文胸。比如,夏日出汗较多,应穿戴纯棉、漂白布或府绸布面料的文胸。春秋季节可佩戴涤纶面料的文胸。冬天宜戴较厚实的或有海绵的文胸。睡觉时,要松开文胸或者摘掉文胸再入睡,这样可以避免胸部持续受到紧压而发生不适,而且也有利于夜间呼吸和血液循环。

总之,学好选择文胸这门课,会对女孩的乳房发育大有帮助。

阳阳,爸妈还要告诉你的是,少女在晚上睡觉时还是不戴文胸为好,以免长期戴文胸对身体产生不良反应。文胸与内衣一样,容易受到汗液的污染,因此,必须勤洗勤换,保持清洁卫生。

## 胸部胀痛和发痒是什么疾病吗

青春期女孩的困惑:胸部胀痛和发痒是什么病?

一个星期五的晚上,为了让女儿放松一下,阳阳的妈妈让

爸妈说给青春期女孩的心里话（第2版）

女儿陪她看电视。母女俩刚坐下，惹人厌烦的插播广告就开始了，急性子的阳阳已经没有了耐心，就对妈妈说："妈，您还是让我去上网吧，您瞧这广告，哎！"

"等会儿，马上开始了。"她一把拉住要走的女儿。

这时，电视上突然播出一个乳腺癌治疗的广告，阳阳转过脸"哇"的一声就哭了，妈妈坐在旁边，不知道发生了什么事，这时，小丫头满脸泪水地说："妈，乳腺癌得病率这么高，我好害怕，您说，我会不会也得啊？"

看着天真的女儿，妈妈很心疼，随口对阳阳说："不会的，你还这么小。"

"我肯定会得的。"

"你怎么会这么说呢？是不是最近遇到什么事了？"

"这事我真不好意思说，我发现，我的胸部有时候会胀痛，有时候又发痒，我看那些广告上说，这些症状就是要得绝症了。"

"傻丫头，你这是青春期乳房发育的正常现象，等你发育成熟了，这些症状就会慢慢消失的，瞧把你吓得。"

"您说的是真的吗？"

"当然是啊，妈妈是过来人。孩子，只要你在身体发育的过程中注意保护好自己的乳房，就能有效预防这些疾病。"

听妈妈这么说，阳阳才止住了泪水。

## 第1章 绽放女性美丽,以平常心看待胸部的发育

爸妈送给阳阳的话:

阳阳,以前妈妈跟你谈过关于乳房发育的问题,你也知道,女孩进入青春发育期,最先发育的是乳房。然而,乳房发育的过程是细小而又微妙的,青春期后在体内雌激素的影响下,女孩乳腺开始发育,这时乳房内除了许多细长的乳腺管不断发育外,还积累了不少脂肪,由于乳腺组织较硬而脂肪组织较柔软,所以乳房日渐隆起,而且富有弹性,成为女性成熟的标志。

大多数女孩在月经初潮之前,在9~14岁乳房开始发育。乳房刚刚开始发育时,构成乳房的乳腺及其周围的脂肪组织在乳头及其周围的乳晕形成一个纽扣样的小鼓包,使乳头和乳晕隆起,乳头开始变大。而后乳头隆起更明显,也渐渐变得更丰满,最后发育为成人的乳房形状。乳房发育的速度也因个人有所不同。有些女孩乳房开始发育得晚些,但发育得较快,而有些女孩乳房发育得较早,却发育得较迟缓。

一般来说,青春期女孩在乳房发育的过程中,都会遇到两大问题:

1. 乳房胀痛

女孩子在十岁左右,随着性发育的启动,第二性征逐渐显露出来,乳头如花蕾一样绽出,乳房逐渐如小丘样膨隆。处于青春期发育阶段的少女,由于月经来潮前体内雌激素水平增

高，致使乳管扩张，上皮细胞增多、肥大，会引起乳管周围基质水肿，乳房胀大变硬，于是有时会摸到乳房内结节样块状物，并感到胀痛、压痛，这是乳房发育中正常的生理现象。

有些喜欢吃炸鸡及冰激凌、奶油蛋糕等高热量、高脂肪甜点的女孩，因摄入过多的热量，转化成过多的脂肪，超出乳房物质吸收填充的限度，乳房甚至可以摸到包块。但这一切都是短暂的，随着机体的自我调整会自行消失。女孩子乳房胀痛一般在月经前两三天出现，随着月经消失，体内雌激素水平下降，乳管末端及腺小叶退化复原，乳管变小，上皮细胞萎缩脱落，胀痛、压痛会自然消失。

亲爱的阳阳，如果你出现乳房结节样块状物及胀痛、压痛时，不必忧心忡忡，要明白这是性发育中的正常生理现象。注意，不要束胸，避免碰撞乳房或乳头，少吃高糖高脂食物，不吃使用催熟剂的食物，少吃海鲜、咸肉等。

2.乳房发痒

不少青春期少女在乳房发育时期会有乳房发痒的感觉，其实这也是正常的生理现象，并非有什么毛病。造成乳房发痒的原因，主要是乳房的淡褐色乳晕汇集许多腺体，会分泌出油脂样物质，时间一长，脂质酸化及污垢堆聚，会刺激乳房的局部皮肤，引起痒感。有些女孩戴化纤材料制作的文胸，或睡觉时没有脱下文胸，致使乳头透气不良或汗水排出不畅、潮湿，也会引起发痒。还有些女孩爱用香皂清洁乳房，经揉搓与化学作用，会不断洗去皮肤表面的角化细胞，破坏皮肤组织，引起乳房表皮层肿胀、皮肤干燥与瘙痒。

对此，我的乖宝贝，你一定要注意乳房卫生：

如果乳头痒，千万不能用手去挠或抠剔乳头，以免造成破口而发生感染。要经常清洗乳头、乳晕、乳房。因为乳晕上有许多腺体，会分泌油脂样物质，它可以保护皮肤，但也会沾染污垢、产生红肿等。因而要保持乳房的清洁卫生。

另外，月经期，你更要注意其局部卫生。分泌物的迅速增加，给各种细菌的生长提供了条件，如果不注意局部卫生，使用不良的沐浴露、肥皂和胸围衣料等，都会造成干燥和脱皮，导致乳头刺痒难耐就是不可避免的了。严重的还会导致乳头湿疹，乳头湿疹样癌初发症状为乳头瘙痒，之后乳头表面发红、糙手、进而糜烂，有浆液性渗出物，干燥后凝结为灰黄色痂皮，罩住表面。

当然，保持乳房的卫生少不了清洁这个环节，清洁乳房不仅可以保持乳腺管的通畅，而且有助于增加乳头的韧性，减少哺乳期乳头皲裂等并发症的发生。在初乳出现阶段，初乳易在乳头处形成结痂，应该先以软膏加以软化，然后用温水试除。如果产前使用肥皂或酒精清洗乳头，除去了乳头周围皮脂腺所分泌可保护皮肤的油脂，乳头过于干燥，很容易发生皲裂而受损害。

爸妈说给青春期女孩的心里话（第2版）

## 乳头有分泌物，心里很惶恐

**青春期女孩的困惑：**

这天，阳阳的妈妈在逛商场，遇到了以前的一位老同事，两人多年不见，见面就聊到孩子，原来，对方也有个和阳阳差不多大的女儿。接着，这位老同事说："现在的孩子，我真不知道说什么好，要是我家女儿不乖乖听话，在外面鬼混的话，我非好好管管不可。"

"遇到什么事了？"阳阳妈妈很奇怪地问。

"前几天，天气不是正热的时候嘛，有一天，我下班回来，在楼道里，看见了邻居老王的女儿，这女孩一向很听话，但那天，你猜我看见什么了？我看见她的胸前居然有点湿，肯定是做了什么见不得人的事，我也不好意思和她妈妈说这事。"

"呵呵，原来就是这事儿啊，我看你真是搞错了，这是女孩青春期乳房发育过程中遇到的现象，当然，青春期女孩乳房在发育过程中，应该是不会有分泌物的，但如果泌乳，就应该带去医院看看，至于具体是什么原因造成的，我还真不知道，我觉得你也应该回去给孩子好好说说，别让这件事困扰孩子。"

"你说得对，这个年龄段的女孩子的心理是脆弱的呀。"

**爸妈送给阳阳的话：**

亲爱的阳阳，爸妈知道，在以后的身体发育的过程中，

第1章 绽放女性美丽，以平常心看待胸部的发育

你可能也和这个女孩子一样，会遇到这样不知所措的事情，为此，我们觉得很有必要为你上好这一课。其实，这是青春期女孩的泌乳现象。那么，青春期女孩为什么会分泌乳液呢？

关于青春期泌乳现象的几点知识：

1. 泌乳原因

一般来说，女孩在十三岁左右，最晚到十八岁，便开始有了月经，一直到生殖器官发育成熟，这段生理时期就叫青春期。在这段时期里，女孩子除了有月经之外，作为第二性征的乳房也明显地得到了发育。乳房内部有腺泡和腺管，腺泡细胞有泌乳的功能，腺管是乳汁的通路。这两种结构是在妇女卵巢分泌的女性激素（又叫荷尔蒙）的刺激作用下发育成长起来的。

乳房是哺乳动物共同的特征。自青春期开始，受各种内分泌激素的影响，女性乳房进入了一生中生理发育和功能活动最活跃的时期，直至绝经期，但在各个不同时期的变化中，机体内分泌激素水平差异很大，受其影响，乳房的发育和生理功能也各具特色。

的确，在幼儿期，女孩可能会出现泌乳，它的生理原因是：由于母体的雌性激素可通过胎盘进入小婴儿体内，引起乳腺组织增生，故有60%左右的新生儿在出生后2~4天，出现乳头下1~2cm大小的硬结，并有少量乳汁样物质分泌，随着母体激素的逐渐代谢，这种现象可在出生后1~3周自行消失。在婴

幼儿期，乳腺基本上处于"静止"状态，腺体呈退行性变，男性较之女性更为完全。

而实际上，青春期女孩在乳房发育过程中是不应该分泌乳汁的。其原因应从泌乳素的来源说起，泌乳素是从人脑里的一个内分泌腺——脑下垂体（约有一克大小，状似蚕豆）的细胞产生的，但是它还要受到下丘脑分泌的泌乳素抑制因子的控制，限制脑下垂体分泌泌乳素，所以泌乳是产妇育儿的一种特殊功能。一般妇女，尤其是青春期女孩是不会出现泌乳功能的。

那么，为什么有些少女会出现泌乳的现象呢？其实造成这种异常现象的原因有二：一是脑下垂体里发生了泌乳素性腺肿瘤；二是虽没有发生泌乳素性腺肿瘤，但由于脑下垂体细胞受下丘脑分泌的泌乳素促进因子的刺激，泌乳素分泌过多，出现了高泌乳素血症。

2. 青春期女孩泌乳应该怎么办

一般来说，这些泌乳的女孩，可能还会出现以下症状：不同程度的月经紊乱，严重者甚至出现闭经、毛发脱落、体重增加、头痛、视觉障碍、外生殖器萎缩等症状，形成一组以溢乳、闭经、不孕为主要表现的疾患，也称为"溢乳——闭经综合征"。

但是，不管症状表现的轻重程度如何，其主要都是由于产生过量泌乳素的缘故。引起高泌乳素血症的原因很多，大致可

第1章 绽放女性美丽,以平常心看待胸部的发育

分成以下几类:下丘脑性障碍、垂体障碍、原发性甲状腺功能减退、药物因素、神经刺激等。

如果青春期女孩泌乳,一般可通过头颅CT照像或经核磁共振照以及测定血清里泌乳素的含量来进一步确诊。如果不是肿瘤,只是高泌乳素血症,对症服药就可以了,但是必须在医生指导下服用。如果有肿瘤可以用伽玛刀治疗,不用开颅就可以治愈。

## 乳房里面怎么会有硬的东西

青春期女孩的困惑:乳房里怎么会有硬的东西?

转眼,夏天就来了。天气逐渐炎热起来了,周围的女孩子们都穿上了心爱的短袖、连衣裙等,但一直大大咧咧的阳阳却还不肯脱下春装。这让阳阳的妈妈感到很奇怪。

这天晚上,吃完晚饭以后,阳阳第一个冲到浴室洗澡,一洗就是个把小时,这更让爸爸妈妈不理解了,平时这个办事效率高、风风火火的阳阳怎么了?细心的妈妈很快察觉到肯定是女儿生理上的问题,于是,她让丈夫先到客厅看电视,自己敲开了浴室的门。

"宝贝,怎么了?不舒服吗?"

"妈,我恐怕真的得病了。"

"你这傻孩子,说什么傻话呢?你哪里不舒服吗?"

"妈,你上次不是跟我说乳房发育中,基本上都是那些脂肪组织在发育吗?可是最近这几天,我洗澡总摸到那如小丘般隆起的乳房,感觉有点硬硬的,随着月经的到来,还有轻度的疼痛,扰得我心烦意乱。我不想去看医生,好丢人。"

"哈哈,原来是这么回事啊,我还以为怎么了呢?没事的,孩子,妈妈跟你保证,你一点问题也没有。你先洗澡,一会儿我去你卧室,我跟你好好说说。"

爸妈送给阳阳的话:

亲爱的女儿,爸妈要告诉你的是,青春期少女出现乳房肿块、胀痛等症状时,不必忧心忡忡,多了解关于乳房的常识,懂了就不怕了。

你需要了解的知识点:

女孩子在十岁左右,随着性发育的启动,第二性征逐渐显露出来,乳头如花蕾一样绽出,乳房逐渐如小丘样膨隆。少女乳房的发育是在垂体前叶、肾上腺皮质和卵巢内分泌激素调控下进行的,此外还受甲状腺等调节作用的影响。中枢神经系统是掌管青春期少女乳房发育的"司令部",由它指令垂体分泌促性腺激素,后者作用于卵巢,促使卵巢分泌雌激素和孕激素。雌激素能促使乳腺导管的增长和分支发育,使乳房增大;

第1章 绽放女性美丽，以平常心看待胸部的发育

而孕激素则能促使乳腺腺泡发育，使富有弹性的脂肪沉积于乳房内。另外，垂体前叶"生产"出的催乳素也会直接影响乳房的发育。

那么，青春期的少女为什么会出现乳房内部有硬块的现象呢？

从生理发育的进程看，女孩子到了9～13岁期间，下丘脑分泌一种促性腺素释放激素，从而促进脑垂体产生促性腺激素，促进卵巢发育，使之分泌雌激素，于是乳房逐渐隆起，摸起来内部有一个质地较硬的块状物，呈豌豆或蚕豆大小的圆丘形硬结，伴有轻微胀痛或隐痛感，这表明乳房内的腺体开始发育。初潮后，随着青春期乳房的发育成熟会自行消失。

处于青春期发育阶段的少女，由于月经来潮前体内雌激素水平增高，致使乳管扩张，上皮细胞增多、肥大，会引起乳管周围基质水肿，乳房胀大变硬，于是有时会摸到乳房内结节样块状物，并感到胀痛、压痛，这是乳房发育中正常的生理现象，随着身体的自我调整会自行消失。

亲爱的阳阳，此时，你应该明白，乳房内的肿块多半和月经有关，在月经初潮前和来月经前，都有此症状，你不必太担心。你要记住，青春应该是自然的，你是最美丽的，因此，你并不需要害羞，更不要束胸，避免碰撞乳房或乳头；日常生活中，也要注意保护自己的乳房，为了让你的乳房发育得更美丽，爸妈给你几条建议：

（1）注意每天摄入足够的能量和营养，不必为了爱美而节食减肥。青春期是身体发育的阶段，每天都需要充足的能量和营养元素，因此，青春期女孩应该多吃鸡蛋、鱼、肉等蛋白质含量高及水果、蔬菜等富含各种维生素的食物，以利于增加胸部的脂肪量，保持乳房的丰满。

而生活中，很多女孩爱美，都以瘦为美，也希望自己拥有魔鬼般的身材，于是，开始节食减肥。其实，这是不可取的，是因小失大，因为青春期需要比其他年龄段更多的能量和营养的摄入，节食，不仅对身体无益，也无法供应乳房发育所需的营养，这就是为什么很多偏瘦的女孩子乳房较小的原因之一。

（2）适当地进行运动。健康是美的基础。要保持乳房的健美，乳房韧带的韧性和胸部肌肉群的弹性是十分重要的。青春期女孩要经常参加体育锻炼和运动，有利于机体内分泌的平衡，这对于保持乳房的丰满是很重要的。其次，可进行一些增加胸肌群的运动，有利于乳房的发育。

（3）注意保护乳房不受外界强力的挤压和伤害。女性乳房和其他身体部位不同，乳房主要由脂肪构成，没有任何支撑，因此受到外界挤压时，更容易受伤。而乳房的皮下脂肪和小血管较丰富，外伤后容易发生局部血肿、破损，甚至可发生感染等后果。而乳房受外力挤压，可能会引起两大问题：

一是乳房内部软组织易受到挫伤，或使内部引起增生等；

二是受外力挤压后，较易改变外部形状，使上耸的双乳下塌下垂等。

亲爱的阳阳，爸妈告诉你这些，是想让你明白，你不必为此担心，但你同时应该形成一种自我保护的意识，要知道，女孩的身体是坚强的，也是脆弱的！

# 第 2 章

## 月经来临，证明你的身体开始发育成熟

最近，阳阳在学校来月经了，幸亏当时有同桌的帮助，才没有造成一些尴尬的场面。晚上回家后，这个傻丫头还是惊魂未定的样子。于是，我告诉阳阳："来月经是每个女孩都会经历的事情。其实，像你们这个年龄的青春期女孩，经常会被月经困扰着，有着很多疑问，比如月经是什么、怎么会有月经以及月经来了该怎么办，等等，了解关于月经的一些常识，对女孩的身体发育以及心理健康很重要。"听完这些，阳阳若有所思地点点头。

的确，女孩一旦长大，就会在身体的各个方面显现出来，月经就是女孩成熟的一个重要标志，这意味着女孩不再是小女孩，而开始变成女人，开始走向成熟。因此，女孩不必担忧，也不必害怕来月经，这只是你生理成熟的一个信号。与此同时，月经还是衡量你身体是否健康的镜子，因此，女孩不要总是抱怨来月经时带来的麻烦。其实，你应该感谢来月经，这就是为什么很多女孩把月经称呼为"好朋友"的原因。

## 月经初潮,让女孩手足无措

**青春期女孩的困惑:月经真是件倒霉事!**

阳阳是个开朗的女孩,无论是在学校还是家里,都像个叽叽喳喳的小鸟。平时,每天晚上,她都会和妈妈一起聊一些学校的趣事,今天她却一反常态,一放学就把自己关在卫生间,怎么喊也不出来,细心的妈妈察觉出来了女儿的不对劲儿,正准备找女儿谈心的她发现女儿书包半露着,她看到了书包里的卫生巾,原来,小家伙是因为这事闹情绪呢!

"阳阳,妈妈知道你来月经了,对吧?不要担心,这是每个女孩都要经历的生理过程。"妈妈对阳阳说。

"我知道,可是,这事来得太突然了,我真有点接受不了,今天要不是我同桌帮忙,我恐怕要尴尬死了。我的同桌告诉我,她的初潮也是在学校来的。那天来潮时,几节课下来她的屁股就没敢离开过座椅,不敢立起身,害怕沾血的裤子被人看到,担心座椅血迹斑斑被值日生发现。那天放学,等同学们全走光了,她偷偷将座椅擦拭干净才回家。更糟的是,放学后只好不走大道抄小路,然后钻进一家澡堂子,为的是把弄脏的裤子洗净再回家。到家后她面对母亲的责问回答道:'衣服脏了就顺便洗了。'"

妈妈听完阳阳的话后,笑了半天。

"妈妈,我真的很讨厌月经,以后每月都有,真是倒霉。"

**爸妈送给阳阳的话：**

我的宝贝，这里，妈妈要告诉你的是，月经是每个女性都会经历并伴随我们大半生的生理现象。在旧社会，由于生理知识的缺乏，很多女孩到了青春期以后，来了月经，会有一些症状，如恶心、腹胀、痛经以及情绪不稳定等。当紧张易怒时，你常常会觉得束手无策、无以应对，又因为害羞、不好意思而不愿意向包括妈妈在内的人咨询、了解，于是难免产生恐惧心理，这样，就形成了来月经就是"倒霉"的心态。其实，要是不来月经，才叫真的"倒霉"呢！

很多和你一样的青春期的少女一般对月经没有什么经验，不知道什么时候快来月经，因此常常被这"不速之客"弄得措手不及，其实，了解一些关于月经的知识便能帮助你更好地处理好这些事情。

**你需要了解的知识点：**

1. 为什么会来月经

月经是女性的一种正常生理现象，青春期女孩伴随着身体的不断成熟，必然会面临月经到来如何处理的问题。月经是指有规律的、周期性的子宫出血。月经初潮由于女孩子生理发育达到一定程度，子宫内膜在卵巢分泌的性激素的直接作用下出现的剥离出血现象。

正常的月经不是通常意义上的出血，你不妨把经血看成是机体代谢后排出的"废品"。月经又称为月事、月水、月信、例假、见红等，因多数人是每月出现1次而称为月经。近年来，对月经的俗称有所增加，如坏事儿了、大姨妈、倒霉了等等。实际上，月经是青春期女孩的好朋友。

2. 来月经了有什么预兆吗

在来月经之前，是有一些生理上的反常。

（1）精神上的异常：常见神经敏感，烦躁易怒，全身疲乏无力，有时会引起头痛、失眠、思想不集中、嗜睡，非常困倦。

（2）身体上的异常：常见手脚颜面浮肿，腹部胀气感，有些人腹胀且伴随便秘现象、小腹坠痛和乳房胀痛等。腹痛，阵痛，一般不太明显，就像岔气一样，但是时间较长；乳房肿胀，会明显感觉比以前大很多，严重者会有疼痛感；也有一些女孩会变得比平时饭量大，总是觉得吃不饱；另外一些女孩可能会没有食欲；还有一些女孩则喜欢吃一些糖分较多的食物。

月经前症状有很多，即使是身体健康的女性也会有一些不舒服的感觉，出现性情改变，这些都称为经前不适，有些女孩月经前的症状严重，甚至影响学习与生活，我们称之为经前期综合征。这时候最好来医院检查一下，做到防患于未然。

不过，一般情况下，月经期无特殊症状。月经来潮一般并不影响工作和学习。但不宜从事重体力劳动或剧烈运动，需注意经期卫生。

3.万一在学校来了月经怎么办

(1)如果是初次月经,通常出血量都不多,你有足够的时间去向同学借或去商店买卫生巾。

(2)如果月经在上课时间突然到来,可以向老师示意自己肚子疼,要上厕所,一般情况下,老师都会明白你的意思,也会很通情达理地同意你的请求。

(3)如果经血量不是很多,身边又有足够的卫生纸或纸巾,可以把卫生纸反复折叠到足够厚度使用,先解燃眉之急。

(4)学校里任何一位老师(女孩一定只会找女老师),不管是不是班主任、是不是任课老师,都会帮助你的。可以请老师支援你一片卫生巾救急(如果你自己没有准备的话);可以请老师帮助给妈妈打电话送套干净衣裤或是临时找件能替换的;如果肚子又痛又胀,影响到上课,可以请老师帮助弄些热水、红糖水喝,或是找个地方稍稍休息一会儿。

还是那句话,这些现象都是青春期发育中必须经过的,不随个人的意志转移,也是最正常的事情,没有什么不好意思的。

那么,最好的办法就是"既来之则安之",平心静气地接受它,用合适的方法解决问题、应对问题,否则不是有点儿"螳臂当车""庸人自扰"了嘛。

## 月经规律与否的标准是什么

青春期女孩的困惑：什么才是月经正常呢？

青春期来临后，班上的男女生好像不像以前那样亲密无间了，并逐渐形成了各自的阵营。这不，刚下课，阳阳就凑到菲菲身边，小声地对菲菲说："菲菲，放学后，你等我一下，我有事问你。"

终于等到放学了，阳阳拦住菲菲，把她拉到一边问："每次你'好朋友'来的时候，规律吗？"

"什么好朋友规律不规律呀？不明白？"

"嗨，就是那个，那个好朋友……"菲菲终于听懂了。

"规律呀，挺好的，就是第一次肚子疼，时间长了，好多了，量也正常，时间也正常了。"

"我这都五天了，还没完，我担心着呢。"阳阳很着急的样子。

"你再等等，我也不是很清楚这些，回家问问你妈吧。"

阳阳回家后，就找妈妈问这事，看着菲菲很担心的样子，妈妈放下手中的家务活，给她上起了生理课。

那么青春期女孩的好朋友什么是规律和不规律呢？

爸妈送给阳阳的话：

阳阳，妈妈想告诉你的是，你不必担心月经不正常的问题，不过这里，妈妈觉得有必要为你上一堂关于月经是否规律方面的课程。

你需要了解的知识点：

1. 月经的规律与不规律是要从周期和量的两个方面来考察的

处于青春期的女孩，因个人体质、遗传因素和环境等很多原因的差异，来月经的年龄也会有所差异。但一般来说，初潮年龄大多数在13～15岁，不过随着人们生活条件的提高，女孩在幼儿时期营养补充比较全面，甚至不少女孩营养过剩，因此月经的到来就会比大多数女生提前，而现代社会女孩的月经初潮平均在12.5岁。

女孩月经第一次来潮称为初潮，出血的第一天称为月经周期的开始，两次月经第一天的间隔时间称为一个月经周期，一般为28～30天。提前或延后7天左右仍属正常范围，周期长短因人而异。而且，每个女性的身体机制不一样，来月经的周期也不一样。

女性在月经初潮后的头一两年之内，月经不能按时来潮，或提前或延后，甚或停闭数月，这是由于肾气未能充盛所致，这些女子只要无明显全身症候，待身体逐渐发育成熟后，自能恢复正常，这也是常有的生理现象，一般不需要作任何治疗，因此，女孩不必为此惊慌。

所以，当很多青春期的女孩发现身体见红的时候，不必惊慌，这是身体在发育的信号，只要注意月经期的一些小问题，并不影响学习和生活！

很多女孩问："到底月经量多少才算正常呢？我的月经量是不是正常？"有这样的疑问是很正常的，月经量多少关系着女性的健康和身体综合素质，所以不能忽视。每个女孩都应该对月经量多少为正常有一个大体的认识，以便及时发现自身的某些疾病或不适。

月经量是指经期排出的血量。正常人的月经量为10~58毫升，个别女性月经量可超过100毫升。有人认为每月失血量多于80毫升即为病理状态，但也不尽然。

一般月经第2~3天的出血量最多。由于个人的体质、年龄、气候、地区和生活条件的不同，经量有时略有增减，均属正常生理范畴。

月经量多少为正常很难统计，生活中，我们常用每日换多少次月经垫粗略估计量的多少。正常的用量是平均一天换四五次，每个周期不超过两包（以每包10片计）。假如每月用3包卫生巾还不够，而且差不多每片卫生巾都是湿透的，就属于月经量过多了。

女孩应该对自己的月经量有个大概的了解，如果月经量过多或者过少，都应该到医院查明原因，但都不必过于惊慌。

2. 什么是月经不规律呢

月经不规律，也就是人们常说的月经不调。月经不调泛指各种原因引起的月经改变，包括初潮年龄的提前、延后、周期、经期与经量的变化，是女性病最常见的症状之一。月经不调的症状当然有很多，一般包括，月经周期不准，超前，延后，无定期，经量过多、过少，色泽紫黑或淡红，经血浓稠或稀薄等，统称为月经不调。

引起月经不调的生理原因有两大类：

一类是神经内分泌功能失调引起的，主要是下后脑——卵巢轴的功能不稳定或是有缺陷，即月经病。

另一类是器质病变或药物等引起的，包括生殖器官局部的炎症、肿瘤及发育异常、营养不良；颅内疾患；其他内分泌功能失调如甲状腺、肾上腺皮质功能异常、糖尿病、席汉氏病等；肝脏疾患；血液疾患等。使用治疗精神病的药物；内分泌制剂或采取宫内节育器避孕者均可能发生月经不调。某些职业如长跑运动员容易出现闭经。此外，某些妊娠期异常出血也往往被误认为是月经不调。

一般情况下，青春期少女由于发育还没有成熟，也有可能发生月经不调，要多注意在日常生活方面的规律，多注意休息，避免过度劳累，尤其是经期要防寒避湿；防止过度节食，注意自己的饮食结构，多食用瘦肉、谷类、深绿叶蔬菜及含钙丰富的食物，不宜过食生冷的食物；应保持心情舒畅；加强锻炼，提高身体素质。一般会逐渐恢复正常的。

总之，青春期女孩要学会懂得自检，当出现月经周期提前或错后7天以上，或先后无定期；月经量少或点滴即净；月经量多或行经时间超过8天以上这些症状的时候，就是好朋友不规律了，要及时向长辈寻求帮助，这也是我告诉女儿的目的。

亲爱的阳阳，当你了解完这些以后，应该可以放下悬着的心了，不要整天忧心忡忡的，更不要焦虑，你应该以舒畅的精神状态，等待每次月经的来潮。

## 月经来了，肚子总是很痛

青春期女孩的困惑：为什么肚子会这么痛？

阳阳是个重情重义的姑娘，她的朋友，无论是谁找她帮忙，她都很乐意。有天下午一放学，她就放下书包，奔阿芳家去了，也没说原因。但阳阳妈妈猜，估计又是阿芳身体不舒服了，由于阿芳爸妈常年不在家，因此她都是一个人照顾自己。

下午回来后，阳阳说："早上，我去喊阿芳上学时，她躺在床上对我说：'阳阳，你今天帮我跟老师当面请个假吧，一会儿我再打个电话，我好朋友来了，这次好痛，早上我肚子疼得受不了,今天就不去学校了,回头还得麻烦你帮我补一下课。'这不,我刚从她家补课回来,她的情况还是不大好,我让她吃点药,她说吃药不好。妈妈,你说,我的反应怎么没那么大呢,我每月好朋友来了,只有一点儿疼,但是做女人真是可怜呀,哎!"小丫头一本正经地叹着气,阳阳妈妈看着,哭笑不得,孩子毕竟是孩子,这么一点儿小事,就会让她伤感半天。

妈妈对女儿说:"每个女人在经期前的反应是不一样的,但只要做好调节工作,将反应降到最低,一般是不影响学习、生活和工作的。"

"那该怎么调节呢?您告诉我,我回头告诉阿芳,希望她好点儿。"

爸妈送给阳阳的话:

亲爱的阳阳,很多女孩在来月经的过程中,都像阿芳一样痛经,甚至常会发生一些恶心、食欲不振、头痛、失眠、乳房胀痛、腰酸背痛、便秘或腹泻之类的症状,甚至出现眼皮、下肢浮肿等。对此,你们要学会自我调节。

你需要了解的知识点:

1. 为什么会痛经

来月经时肚子痛,就是人们常说的"痛经"。有不少女孩就有痛经的症状。在行经前或经期会感到腰酸、下腹坠胀,个别人还可能有全身无力、容易激动发脾气等症状,但这一般不影响日常生活。所以，女孩不应该自作主张服用止痛片。

其实，痛经也是有一些原因的。引起痛经的原因很多，有生理的，也有心理的。

（1）生理上的原因：比如经血不畅、体质虚弱、气血不足、子宫位置异常、子宫颈口狭窄、子宫发育不良、子宫收缩增强或不协调等都是造成痛经的原因。痛经固然在月经过后会自然消失，但若不采取积极的预防措施，将会造成身体和精神上的痛苦。

（2）心理上的因素：情绪激动、抑郁、精神紧张等，有时过度疲劳、剧烈活动、淋雨、受凉、喝冷饮等也可以引起痛经。

2. 如何减缓痛经呢

首先，要预防痛经的发生，这主要还和自身身体素质有很大关系，因此，女孩要在平时多加强体育锻炼，消除对月经的恐惧、忧虑和紧张情绪；注意经期卫生，行经时避免过度劳累，少吃生冷和刺激性的食物，并避免淋雨或洗冷水澡、淋雨等。

其次，女孩可以喝一杯热红糖姜水，或采取俯卧位休息，也可在下腹部放一个热水袋或用热毛巾轻轻揉腹部。轻微活动一下也有助于排出子宫内的充盈物，从而缓解疼痛。

然后，寒冷、淋雨、用凉水洗澡等会加重腹痛，应该尽量避免。

再次，经期女孩应该避免进行剧烈的、高强度的体育运动类的体力活动，如长跑、急跑、跳高、跳远、跳箱、高低杠等，也不能进行增加腹压的力量性练习，以免造成经血过多或子宫位置改变。在经期还应禁止参加游泳活动，因为，一方面，经期本身就应该忌冷水，另一方面，在月经期子宫口开放，易受感染。

此外，月经期女孩还不宜参加体育比赛。因为体育比赛时精神紧张，活动量大，容易引起月经紊乱、腹痛、经量过多或过少等。

患有痛经、经量过多或其他疾病的女孩子在月经期要适当休息，减少或停止锻炼，并加以积极的治疗。

最后，如果疼痛非常厉害，还可以服去痛片、安定片等药，短时间就可以止痛，当然，这要在医生或者家长的允许下服用。重者应去医院就诊，尽量不要让痛经影响到自己的学习和生活。

痛经会随着女孩年龄的增长而有所好转，并不算什么病，因此，不必担忧。

青春期女孩，对月经还没有全面的认识，当月经来临时，对月经带来的身体不适，往往"招架不住"，特别是情绪低落，容易发怒，影响了整个生活和工作状况。对此，女孩一定要学会自我调节，毕竟，月经是伴随一个女人大半辈子的事情，调节对安全度过月经期是很关键的。

## 如何挑选和使用卫生巾

青春期女孩的困惑：到底该怎样挑选和使用卫生巾呢？

莉莉和阳阳是同桌，两人关系很好，这天，课间的时候，莉莉问阳阳："你带那个没？"

"哪个？"阳阳很好奇地问。

"就是'面包'啊。"

"带了，我妈平时都让我带一个放书包里，免得突然来，招架不住。你这几天好朋友来了？"

"是啊。关键是我买的'面包'好像不怎么好用，吸收量不行，每节课都要去换，烦死人了。"

"你自己买的？"阳阳问。

"不是啊，我妈妈买的，是那种网面的，我和妈妈用同一个牌子。"莉莉说。

"那怎么行呢？有那种少女专用的，我用的就是苏菲的，吸收量很好。你得跟你妈妈说说，换一种，我以前也是，我不喜欢用那种网面的，后来我妈就买了棉面的，现在好多了。每个月那几天本来身体就不舒服，要是卫生巾再用得不舒服的话，那不是更难受了。"

"是啊，选卫生巾是有一定的方法的，我暂时先用这个，不行，再去选别的，一定要选择合适的。你说，该怎选呢?"

"我也不知道,放学了,一起回家问我妈吧,我们总不能一直让妈妈给我们买吧,这东西是要用大半生的,以后还是自己去买,现在多了解一些还是有好处的,是吧?"

莉莉点了点头,于是,晚饭后。两个孩子围在了阳阳妈妈的旁边。

爸妈送给阳阳的话:

亲爱的孩子们,你们明白,作为一名女性,我们的大半生都离不开卫生巾,因此,在这里,我有必要告诉你一些关于如何选用和使用卫生巾的知识。

你需要了解的知识:

1. 如何挑选卫生巾

一般来说,经期用品主要包括卫生巾、卫生纸、卫生棉。行经时应当选用适合自己的经期用品。现代女性一般首选卫生巾。但女性在月经期间,免疫力会降低,容易感染疾病,因此要特别注意经期卫生巾的使用,尤其是卫生巾的质量,好的卫生巾应该柔软、雪白、无霉点、无异味,吸水功能好,不易褶皱,用后舒适。

因此,女孩必须要学会选用适合自己的卫生巾。那么,到底该选用什么样的卫生巾呢?

(1)吸水性好。一般卫生巾为非织造布制作,为纤维材料，受潮后材料变质，细菌易侵入繁殖。因此，使用前最好经阳光曝晒。卫生巾大都触感柔软，水分下渗迅速，有的采用伸缩护翼，可以有效防止侧漏或后漏。

而吸水性好的卫生巾用起来才会舒适方便，经血不易溢出弄脏衣物。

有些青春期女孩的经血较多，或者因为害怕在学校更换卫生巾而选用吸收量大的卫生巾，这种做法也是不提倡的。因为长时间不更换卫生巾会使局部通风差，而且吸收量大的卫生巾，细菌更容易繁衍，从而诱发各种妇科疾病。

（2）透气性好。调查表明，73%的女性会在经期感到局部皮肤瘙痒、灼痛。这多是由于使用不透气的卫生巾造成的，因此，要安度经期，首先要做的就是选择透气的卫生巾。

（3）根据自身情况选择。目前卫生巾的种类很多，有棉面、网面，还有香型及药物卫生巾等。它们都有自己的特点，一般来讲，棉面卫生巾吸收速度快，网面卫生巾防回渗性能好，适当的药物卫生巾具有保健功能等。但由于每个人身体素质不同，对卫生巾的感受也会有所区别，如有的人觉得网面干爽，有的人会觉得网面与皮肤接触不舒服，所以要根据自己使用的实际感受来挑选最适合自己的种类。

2. 如何科学地使用卫生巾

女孩月经来临时，一般月经量会有个变化的过程，女孩可根据月经量的大小选择使用卫生巾。月经量很大时，白天需用护翼型，晚间需用夜安型；平时可使用标准型；月经前后可使用超薄型或护垫。这种搭配选择一方面是为了安全、舒适，另一方面也是为了节省经期花费，因为不同型号的卫生巾的价格是不同的。

另外，青春期女孩一般是在校的学生，一般情况下，很难保证每次都能用完一整包卫生巾，经常需要随身携带一两片，在课间的时候可以更换一下。

而整包卫生巾一经打开，很容易造成污染，造成卫生巾还未使用就已经感染到了细菌。因此，女孩在选购卫生巾时，宜购买独立包装的卫生巾。

若还要考虑经济因素，则可购买不带独立包装，但每包片数较少的卫生巾。

另外，在使用卫生巾时，防止"再污染"至关重要。因为人的手本身就是一个污染源，接触不同的东西都会留有细菌，因此，女孩在打开卫生巾前，最好先洗手，打开前尽量不要用手接触卫生巾的表面。

在使用卫生巾时，应做到及时更换，尤其在经血排量较多的情况下，若不及时更换，大量的经血即可成为微生物的培养基，微生物会迅速、大量繁殖，这样极易造成阴部的感染。

## 内裤上的分泌物是什么

青春期女孩的困惑：内裤上怎么会有白色的东西？

最近，阳阳似乎变得勤快了，以前一放学回家，就是钻进自己的房间上网或者做功课，但这些天，她居然学会了自己洗衣服。每天从里到外都换一套干净的衣服，孩子勤快固然好，可是阳阳妈不明白的是，最近天气也不热，衣服也不脏，不必要天天洗的，阳阳怎么了？怎么突然这么爱美了？

这天，阳阳放学后又锁上了卫生间的门，在里面洗起衣服来，阳阳妈想一探究竟，就敲门要进去，哪知阳阳根本不开门。这丫头在干什么，妈妈更好奇了，难道阳阳在洗内裤？好朋友来了？不对呀，应该还有几天呢。

"洗什么呢，女儿？"

"没什么！"

"肯定有什么，不然，你还关着门，连妈妈给瞒着。"

"那好吧，这几天我必须得洗内裤，所以为了怕您怀疑，一并把里外的衣服都换了。"

"可是这几天你的'好朋友'应该没来吧？洗什么内裤？"

"正是因为不是'好朋友'，我才不好跟你说，我发誓，我没做什么坏事！你可不许对任何人说！"看着女儿一脸认真的样子，妈妈点点头答应了她。

"我发现我最近身上居然会流出一种白色的东西,也不知道这是什么,我感觉那白色的东西很脏,这到底是什么呀,没办法,我只好每天洗内裤,我是不是得了什么妇科病啊?"

看样子,阳阳已经被这个问题苦恼好几天了,其实,这白色的东西是白带。

**爸妈送给阳阳的话:**

阳阳,妈妈告诉你,你内裤上的分泌物叫白带,对此,不必担心,也别害羞,这是女性成熟的一大标志。

很多青春期的女孩对于一些妇科问题都是采取避而不谈的态度,比如白带,她们认为有白带是秽物,谈之色变。其实,白带和月经一样,都是女性体内排出的一种代谢品,对于女性的新陈代谢都有着无法替代的作用。

**你需要了解的知识:**

1. 什么是白带

随着年龄的增长和身体发育的成熟,随着卵巢功能的完善,女性阴道内会有一种乳白色或透明的液体流出,量有时略多,有时较少,有其规律性,这就是白带。白带是由许多组织分泌的液体共同组成的,它包括尿道旁腺、前庭大腺、子宫颈腺体和子宫内膜腺体分泌的黏液,以及阴道壁中毛细血管和淋巴管的渗出液。混合后的黏液中含有阴道上皮的脱落细胞及少量白细胞,即形成白带。

月经的来临宣布女孩的成熟，但其实，白带和月经一样，也是女性一种正常的生理表现。并且，白带的出现一般是伴随整个女性一生的，白带的分泌一般和女性体内的雌激素水平有关。一般月经期后白带量少；至排卵期前，由于体内雌激素水平升高，促使宫颈腺体的上皮细胞增生，宫颈黏液的分泌量增加，黏液中氯化钠含量增多，能吸收较多的水分，使排卵期时白带增多。

2. 白带有什么作用

白带是女子阴道分泌的一种无气味、微酸性的黏稠液体。适量的白带属正常生理现象，其正常状态应状如半透明的鸡蛋清，具有湿润阴道、排泄废物、杀灭病菌的作用。

（1）白带是阴道的润滑剂，起到保护阴道壁的作用。由于骨盆底肌肉的作用，女性阴道口闭合，前后壁紧贴。而女性阴道内流出的白带中的水分使女性的阴道处于前后壁紧贴状态。这些水分使女性的阴道处于湿润状态，这种湿润环境能减少阴道前后壁之间的摩擦而带来的损伤。

（2）自洁作用。这与白带的成分有关，白带中含有丰富的糖原，糖原在阴道乳酸杆菌的作用下，产生大量乳酸，使女性的阴道呈弱酸性，这对于抑制各类致病菌的生长起到很好的作用，这也是阴道天然的自洁原理。

（3）验证排卵期。一般地说，白带最多、最稀薄、抗拉丝能力最强的一天往往就是排卵期。掌握好这一生理周期，对于女性的自身保护也有帮助作用。

（4）生殖道健康的"镜子"。白带检查是妇科常规检查的重要一项，也是大多数女性去医院就诊的主要原因。其实，长期白带过少，阴道自我防御功能减弱，女性容易感染阴道炎。

3. 什么样的白带才是正常的

针对什么样的白带才是正常的问题，女孩应该了解：正常白带应是白色的，有时透明，有时黏稠，无异味。青春期白带受雌激素影响，有周期性的变化，有时增多，有时减少。排卵期的白带透明、量多，而其他时间则量少、黏稠。青春期生殖器官发育旺盛，白带的生成也增多。此外，在天气炎热、从事体力活动以及性冲动时，这些液体分泌量也会增加，有时还可能外流。

白带异常是女性内生殖器疾病的信号，应引起重视。白带异常的情况分为以下三种：

（1）白带异常可能仅仅为量的增多，也可能同时还有色、质和气味方面的改变。

（2）疾病引起。当然不同疾病引起的白带异常其性状各不相同，常见的白带异常有以下几种：

①黄色或黄绿色伴有脓样、臭味的白带，多见于化脓性细菌引起的阴道炎、宫颈炎及子宫内膜炎。

②淋病球菌引起的感染，还伴有小便疼痛。

③带有血液的白带常见于生殖器肿瘤、炎症及宫内放置节育器等。根据出血量和出血速度快慢，可使白带染成红色、棕色或黑色等不同颜色。乳白色泡沫状白带异常伴有外阴部瘙痒者，多为阴道滴虫感染所致。

④豆腐渣样或凝乳状白带异常伴有外阴部奇痒者，多见于阴道霉菌感染。

（3）阴道内异物可以出现白带异常。如果平时白带无原因地增多，或伴有颜色、质地、气味的改变，就应该提高警惕，以免引起妇科疾病。

白带异常不能绝对地说有妇科疾病，但也是女孩生殖器不健康的一个表现，应该引起女孩的重视，及时检查。

所以，亲爱的阳阳，应该重视白带，要注意保持阴部的清洁卫生，经常用温水洗外阴。即使在平时，白带量不太多，也要勤冲洗外阴，这样能减少病菌的滋生和入侵，让自己远离妇科疾病！

## 如何清洗和呵护女孩的私密处

青春女孩的困惑：月经期间能不能清洗私密处？

夏至过后，天越来越热了。吃完晚饭以后，妈妈让阳阳去洗澡，洗完澡落了汗就凉快了，妈妈在厨房喊着："阳阳，去洗澡，一会儿再玩。"

房间里的阳阳好像没听见似的，居然没答应，妈妈推门进去，居然看见阳阳在换内裤，阳阳妈妈这才想起来，这几天女儿正是特殊时期。看见进来的妈妈，阳阳说："妈，这几天我'好朋友'来了，我听莉莉说，这几天不能清洗下面，也不能洗澡，我就换一下内衣，是这样的吗？"

看着女儿一脸认真的样子，妈妈笑了，对阳阳说："经期一定要注意卫生，但并不是说经期不能洗澡，咱家是淋浴，不是刚好适合吗？我把你爸爸支开，一会儿我带你到卫生间洗澡去。"

于是，妈妈把阳阳爸爸"赶"进了卧室，阳阳这时候，才大大方方地去洗澡。在卫生间，妈妈告诉了阳阳如何在经期清洗阴部的问题。

**爸妈送给阳阳的话：**

阳阳，你知道吗？经期是必须洗澡的，实际上，洗澡也是经期卫生工作的一部分。另外，经期一定要清洗阴部，要避免细菌的侵入和感染。

青春期的女孩子在月经期间身体抵抗力比较弱，而且会遇到很多问题，在清洗阴道的时候要小心，不要盲目地清洗，要加强自我保护意识，养成良好卫生习惯。

你需要了解的知识点：

那么，什么是正确的清洗阴部的方法呢

（1）经期一定要勤换卫生巾，否则，会繁衍细菌，造成阴部瘙痒等。另外，最好每天用温热水清洗2次外阴。

（2）清洗阴部时要遵循一定的顺序，避免细菌侵入。先洗净双手，然后从前向后清洗外阴，再洗大、小阴唇，最后洗肛门周围及肛门。

晚上梳洗前，也要注意一定的清洗顺序。清洗外阴、洗涤内裤后再洗脚，因为脚步细菌最多。不长期滥用抗生素和化学药物冲洗阴道，以防菌群失调引起霉菌性阴道炎，等等。

（3）日常生活中，如果没有淋浴条件，也可以盆浴，但要做到"一人一盆一巾一水"。还要将阴部与足部分开洗。患有手足癣的女性一定要早治疗，否则易引起了霉菌性阴道炎。

（4）经期不能坐浴。这是因为，月经期子宫内膜脱落，宫腔留有创面；宫颈黏液被经血冲出，宫颈口微微开放；阴道内有经血停留，是细菌的良好培养基。以上导致生殖道局部的保护性屏障作用暂时遭到破坏，再加以月经期全身抵抗力下降，盆浴时，污水及阴道中细菌便可能经宫颈管上行至宫腔而引起感染，故应该禁止。

（5）不要洗冷水浴。女孩子应该都知道，在月经期要保护自己不能受潮受凉。而有些女孩子养成了喜欢洗冷水澡的习惯,尤其是夏天出汗过后,实际上,这对身体有很大的害处。

女性因其特殊的生理原因,特别是在经期的女孩,遇到冷水的刺激会引起女性内分泌失调、闭经、腹痛,而且许多细菌也会进入阴道引发阴道炎等妇科疾病,严重的对女性以后怀孕、生理健康都有一定的影响。

(6)在清洗阴部时,应该注意。经期阴部容易产生异味,尤其在夏季,很多女孩子在洗澡时,顺便拿沐浴露洗澡或者清洗阴部,这样做,虽然很省事,但很不健康,表面上看,似乎是清洗了阴部,但却更容易引起感染和引发一些疾病。因为平时女性阴道内是略酸性环境,能抑制细菌生长,但行经期间阴道会偏碱性,对细菌的抵抗力降低,易受感染,如果不使用专业的阴道清洁液或用热水反复清洗,更会导致碱性增加。因此,清洗阴部需要选择专业的阴部清洗液,尤其在经期。

我相信,亲爱的女儿,如果你懂得更多自我保护的知识,你的青春期一定是健康的、快乐的!

# 第3章

## 何惧肌肤苦恼，这些小问题不必担忧

女孩子到了青春期，由于身体发育的原因，很多人的皮肤都会出现这样那样的问题：有些女孩子脸上长了青春痘，又痛又痒，总是忍不住想用手挠；有些女孩子前胸后背长了痘痘，每天苦不堪言；有些女孩子鼻子上由于清洁不力长了黑头，变成了名副其实的"草莓鼻"；有些女孩子的脸由于皮脂分泌过于旺盛，一下子成了"大油田"，脸洗了跟没洗一样；有些女孩子胳膊上、小腿上长出了又长又黑的汗毛，就像毛孩一样；有些女孩子脸上长出了讨厌的雀斑。所谓是一样的青春，不一样的烦恼。其实，这不必担心，青春的肌肤都有小苦恼。

## 脸上长痘了，我能挤掉吗

这两天，马菲真的快要被烦死了，自己本来皮肤就不白，现在脸上又如雨后春笋般地冒出了许多小痘痘，又疼又痒不说，还让自己的脸变得疙疙瘩瘩的，比以前更难看。老天爷怎么这么不长眼啊，这不是雪上加霜吗？青春期的女孩子谁不爱美，可现在马菲觉得自己连爱美的权利都被剥夺了。一想到这儿，马菲的心里就来气。而那些讨人厌的痘痘就好像是专门跑来跟她作对似的，她越生气、烦恼，它们的活动就越频繁，大有"野火烧不尽，春风吹又生"之势。于是马菲的脸上常常是这波未平那波又起，害得她连走路都低着头，真是难受死了。

后来，马菲一气之下，索性不去管它们了，反正自己拿那些痘痘也没有办法，还不如一天高高兴兴的，该学习的时候认真学习，该玩的时候尽兴地玩，该吃的时候吃，该睡的时候睡，心情好了比什么都强。这样想过之后，马菲心里一下子释然了，也不烦躁了。就这样无忧无虑地过了一个星期，有一天，马菲在洗脸的时候，惊喜地发现，脸上的痘痘不知什么时候已经不见了。

这些痘痘，赶它们走的时候，它们死活不走，不管它们了，它们倒不见了！

**爸妈送给马菲的话：**

女孩子到了青春期以后，相当多的人脸上都会长痘痘，只有少数幸运儿可以逃过这一劫。不信你可以仔细观察一下周围的同学，看是不是像爸妈说的那样，长痘痘的人是大多数。"痘痘"之所以被人们称为"青春痘"，就是因为它好发于青春期。

在青春期，随着身体的生长发育，体内的新陈代谢会变得非常旺盛，如果稍微不注意，身体里面因为内分泌旺盛没有及时排出的毒素就会积聚在一起，积累得多了，有些就会以痘痘的形式表现在脸上。

所以，一般来说，如果长了痘痘，就说明你的身体可能出现一些小问题了。这个时候，先要找准病因，对症下药，痘痘才会来得快去得也快。

另外，痘痘的确跟人的心情有很大的关系。心情不好的时候，我们身体的新陈代谢不仅会变慢，而且还会分泌出一些有害物质，为痘痘的蔓延提供了更有利的生长条件，所以，你才感觉痘痘好像故意在和你作对。因此，脸上长了痘痘以后，保持愉快的心情非常重要，越生气身体反而越不容易排毒，不利于消灭痘痘。

其实，有"痘"的青春也一样很精彩，关键是看我们会不会换个角度去想问题。

**你需要了解的知识点：**

1. 为什么你的脸上会长痘痘

其实在青春期，诱发女孩子脸上长痘痘的原因很多。除了青春期代谢旺盛，体内激素分泌失调长痘痘之外，平时洗脸不彻底、乱用化妆品、妆没有卸干净、不注意个人卫生、饮食无规律、爱吃一些刺激性的食物、长时间坐在电脑前面、熬夜等因素，都会导致青春期的女孩子脸上长痘痘。另外，得了某些妇科炎症，脸上也会长痘痘。

2. 为什么不能用手触碰痘痘

因为人的手上有大量的细菌，用手触碰痘痘，不但会引发更多不必要的痘痘，还会使你脸上的毛孔变大。所以，脸上长了痘痘以后，千万不要用手碰，更不要用手去挤，以免伤及真皮层，引起痘痘化脓发炎，在脸上留下难看的痘印和色斑，给你的青春留下遗憾。这一点，女孩子们千万要记住。

3. 脸上长了痘痘你该怎么办

第一，要保持愉快的心情。第二，要注意个人卫生，尤其是油性皮肤的人不但要勤洗脸，还要勤洗头，枕巾最好一两天换一次，避免使用粉底、化妆品，把头发扎起来，外出的时候做好防晒措施。第三，饮食尽量清淡一些，多喝水，多吃新鲜的水果和蔬菜，少吃甜食、油炸食品，不饮浓茶、咖啡，多运动，养成每日晨起排便的习惯。

4. 长痘痘的脸也可以很青春

许多女孩子长了痘痘以后，都会觉得很苦恼，觉得自己变丑了。其实，只要你把长痘痘看作一件很平常的事，跟痘痘和平相处，自然也就不会有那么多的烦恼了。青春期何其短暂，如果用来烦恼、抱怨，那不是在浪费美好的青春时光吗？一张愁眉苦脸比一张长痘痘的笑脸要难看百倍，长痘痘的脸也可以很青春，谁能说不是这样呢？

## 前胸后背长痘了怎么办

"妈妈,我的后背好痒啊,好像长了什么东西,用手摸上去凹凸不平一大片,你快点来帮我看看,都快把我痒死了。"睡觉前,芬芬实在感觉后背上痒得难受,自己看又看不到,挠也挠不上,于是,大声地喊妈妈。妈妈一听,赶紧跑过来一看,芬芬的后背上果然长出了许多小疙瘩,红红的,还一碰就疼。妈妈也不敢确定那到底是什么。于是一边安慰芬芬,一边哄她睡觉。

第二天一大早起来,妈妈就带芬芬去医院看医生,医生说是痘痘,不要紧,青春期的女孩子由于身体发育的原因,导致内分泌失调,长痘痘很正常。听医生这么一说,芬芬和妈妈这才放心了。不过,医生接着说,长了痘痘以后,千万不能用手碰,更不能用手挤,不然不但会引起皮肤感染,还会留下难看的疤痕,平时饮食尽量清淡一些,多喝水,多运动,多排毒,这样痘痘才好得快。说完,又给她开了些调理内分泌的中成药。芬芬没想到,自己的后背上居然长得是痘痘,虽然很不好受,但比起班上那些脸上长痘痘的女生,自己还是很幸运的。

爸妈送给芬芬的话:

青春期的女孩子,皮肤或多或少都会有一些小问题,不要紧的，等过了这个阶段就没事了。爸妈在青春期的时候也长过痘痘，比你的还严重，脸上、前胸后背出得密密麻麻的，有时候疼得爸妈连脸都不敢洗，但是不洗又不行，痘痘最喜欢不干净的脸了，怎么办呢？只好每天先把脸埋在打出泡沫的洗面盆里，几分钟后，用清水冲洗干净，然后再拿干净的毛巾轻轻地按在脸上把水分吸干。就这样，坚持了一段时间，看爸妈现在的脸，是不是一个痘印也没留下？所以没什么好担心的。

长痘痘并不可怕，只要你护理得好，也可以像爸妈一样，身上绝对不会留下一个痘印。所以，你必须要坚定信心，抱着必胜的把握，做好跟痘痘打持久战的准备，爸妈会在你的身边一直帮助你的。不管遇到什么事，心态非常重要，爸妈希望你能坦然面对一切困难，以一颗平常心来看待，这样，你不但会少了很多烦恼，而且也会做出更理智的判断。心情好，做事情才会有信心。爸妈相信你一定可以做到。

你需要了解的知识点：

1. 前胸后背长痘痘是怎么回事

前胸背后的痘痘多是由于皮脂腺分泌过旺、角质层过厚以及不注意个人卫生、清洁不彻底引起的。另外，内分泌失调、体内有火、有毒素也是前胸后背长痘痘的重要原因。还有，如果你平时特别爱吃辣的、甜的以及油炸食品，不喜欢运动，喜欢长时间熬夜上网，那么，痘痘十有八九会找上你。所以，如果想要远离痘痘，保持良好的生活习惯非常重要。

2. 前胸后背长痘痘一样不能挤

前胸后背长了痘痘，虽然别人看不见，但也不能用手挤，道理和脸上长痘痘不能挤是一样的。因为人的手上通常携带了大量的细菌，再加上清洁不彻底，除了会破坏你皮肤的真皮层，引起皮肤化脓感染，还会在你的前胸和后背上留下非常难看的痘印和斑点。所以，为了让我们的青春不留遗憾，前胸后背的痘痘千万不要用手去挤。

3. 前胸后背长痘痘该如何治疗

治疗痘痘，防胜于治，查清病因，内调很重要。对于一个已经出问题的身体来说，就算你用再贵的祛痘产品都无济于事，还是会反反复复发作，因为你没有对症下药，所以只能治标不治本。想要让前胸后背的痘痘快好，除了要注意饮食、注意调养，还要养成良好的卫生习惯，勤洗澡、勤换内衣，让患痘部位始终保持干爽清洁，在此基础上，再配合用一些口碑比较好的祛痘产品，这样才会达到良好的效果。

4. 前胸后背长痘痘真的不用怕

长了痘痘不要慌，关键是看你怎么对待。只要你按照上面说的去做，坚持一段时间，让身体始终处于平衡状态。然后保持心情愉快，清淡饮食，多喝水，多做运动，多出汗多排毒，前胸后背上的痘痘就会慢慢地消失不见了。不管遇到什么事情,千万要记着,逃避害怕永远解决不了问题,这样,我们才能彻底战胜痘痘。

## 如何去除鼻子上的黑头

"可韵,你今天早上起来是不是忘了一道很重要的工序啊?"第一节课刚下,老师都还没走出门,海诗就迫不及待地掉过头来问可韵。可韵边看书,边漫不经心地回答说:"忘了什么工序啊,好像没有吧,算了算了,还是你直接告诉我好了,懒得费那个脑子。"海诗是可韵的同桌兼好朋友,她什么都好,就是说话老是说一半留一半地吊人胃口,一点儿也不干脆。可韵给她建议过多少次了,就是改不过来。

海诗看着可韵笑嘻嘻地说:"真的没有吗?那我可直说了,不过,你听了可别骂我啊!"可韵合上书本,无奈地看着海诗,笑着说:"姑奶奶,求求你了,快说吧,放心,我不会骂你的,有一个字骂你罚我变小狗可以了吧,唉,跟你说话可真累啊。"海诗仍然看着可韵的脸,笑嘻嘻地说:"嘿嘿,你是不是早上洗脸的时候忘了顺便洗一下鼻头啊,你的鼻头上星星点点地布满了黑宝石耶!"可韵一听,连忙从书包里掏出小镜子一照,果然自己的鼻子上像是没洗干净似的,有许多小黑点点。可可韵明明清楚地记得，自己早上认认真真地洗过脸了啊，这是怎么回事呢？

**爸妈送给可韵的话：**

不必惊慌，你鼻子上的黑点点就是人们常说的"黑头"，女孩子到了这个年龄，好多人都会像你一样长黑头的。黑头属于痘痘的一种。是因为在青春期我们的皮脂分泌旺盛，清洁不彻底或者不及时，皮脂堵塞了毛孔，露在外面，然后与空气中的尘埃接触，表层被氧化形成的。常见于面部、前胸和后背，尤其是鼻子上的黑头最多。了解了黑头的来历，我们就可以有针对性地进行治疗和预防了。

首先，洗脸非常重要，正确的洁面方式可以让你避免很多皮肤小问题。像痘痘，就跟你的洗脸习惯有很大的关系。其次，也是最重要的一点，和脸上长了痘痘一样，鼻子上的黑头同样不能用手挤，因为这样做不但起不了什么作用，还会把毛孔撑大，看上去更难看。对付黑头其实有很多方法，爸妈在这里就不一一说明了，你可以自己先了解一下，然后我们三个人再一起探讨，看哪些方法效果比较好，你可以先试一下。

**你需要了解的知识点：**

1. 为什么你的鼻子上会长黑头

一般长黑头的女孩子皮肤看起来都有些粗糙，毛孔也相对比较大，而且大多数都是油性皮肤。如果你长了黑头，就说明你的皮肤至少满足了其中的一种条件。由于每个人体质不同，皮肤不好的女孩子在护理皮肤的过程中，往往要比皮肤好的女孩子付出更多的努力。而油性皮肤的女孩子也要比中性或者干性皮肤的女孩子麻烦许多。不过，爱美本来就是一件很麻烦的事，但是只要我们护理得当，黑头迟早会跑光光。

2. 鼻子上长了黑头不能用手挤

很多女孩子都知道长了痘痘不能用手挤，挤了会留下痕迹，却不知道鼻子上的黑头也不能用手挤。这是为什么呢？道理其实和不能用手挤痘痘差不多。一是黑头根本就挤不干净，挤了外面的，里面还有，还是会长出来的。二是在挤的过程中，我们很可能会压迫到毛孔周边的结缔组织，导致其变形，使其无法恢复原有的弹性和支撑力，使我们的毛孔越变越大。尤其是那些皮肤本来就不太好的女孩子，千万记住鼻子上长了黑头，不要用手挤。

3. 对付鼻子上的黑头有妙招

黑头不像雀斑那样是永久性的，只能淡化，不能根除的。因此只要我们用科学的方法护理，完全可以将鼻子上的黑头祛除。皮肤科专家认为，一般脸上长痘痘、长黑头的女孩子，皮肤都呈酸性，只要将其调整至正常状态，这些皮肤问题就可以迎刃而解。因此，他们建议这些女孩子，可以用中浓度的pH值低的果酸来调理和治疗。从根本上改变皮肤的酸碱值，彻底和痘痘黑头说再见。另外，在洗脸的时候，先用蒸汽把脸上的毛孔蒸开，然后用细盐慢慢地按摩鼻头，用清水洗干净后，拍上紧肤水，效果非常不错。

4. 鼻子上长了黑头饮食有宜忌

长了黑头以后，一定要注意自己平时的饮食，不当的饮食习惯会让我们的护理工作事倍功半，使我们的皮肤变得比以前更糟。要均衡膳食，饭菜尽量清淡一些，多吃新鲜的水果和蔬菜，多喝水，多喝花草茶、水果茶，尽量不喝咖啡、浓茶。避免暴饮暴食，少吃太过于油腻、太甜、太辣、太酸的东西，以免引起上火，加重黑头的症状。另外，一些含色素的食物也尽量不要碰，色素沉淀也会让黑头变得更黑。

## 我的脸是个"大油田"

"哟，馨怡，一个假期不见，这油光满面的，暑假在哪儿发财呢？"开学第一天，馨怡刚走进教室门，就被班上的"凤辣子"调侃了一顿。"凤辣子"姓苗名凤，由于她平时爱跟班里的同学开玩笑，再加上说话伶牙俐齿，嘴巴从来不饶人，跟《红楼梦》里面的王熙凤颇有几分相似而得名。不过，"凤辣子"虽然嘴辣，心倒还不坏，说话没什么恶意，了解她性格的人一般都不跟她计较。

所以，馨怡一边往自己的座位上走，一边笑着说："我倒是想发财，可人家一看我的'大油田'脸，都说我是个有钱人，不愿意收留我，害得我只好在家里做了一个假期的白日梦，唉！"说完，馨怡故意唉声叹气，一时间惹得旁边的同学哈哈大笑。坐到了自己的座位上以后，馨怡和身边的几个同学分别打了声招呼，随便聊了两句。其实，馨怡最近心里挺烦的，她的脸上这两天不知道怎么了，特别爱出油，早上洗的脸，不到中午用手一摸就能摸下一层油。

**爸妈送给馨怡的话：**

青春期的女孩子脸上出油，其实是很正常的一种现象。女孩子在进入青春期以后，随着身体的生长发育和新陈代谢的加快，皮脂腺分泌旺盛，很多女孩子的脸都会一下子变得油油的，就像脸没洗干净一样。但是不停地洗脸，还是觉得脸上的油很多。其实爸妈在青春期的时候，也曾有过和你一样的烦恼，脸上一摸一层油。那时候傻，还以为自己得什么病了呢，现在想起来，都觉得可笑。你还好，还有心情开玩笑，比爸妈那时候强多了。

油性皮肤其实没什么不好，你看爸妈现在是不是脸上还没什么皱纹，这就是油性皮肤的好处，油性皮肤虽然护理起来比其他类型的皮肤费事一些，但爸妈告诉你一个小秘密：油性皮肤的人是最耐老的。只要你现在每天多洗几次脸，注意不要吃太油腻的东西，多喝水，多运动，让自己的身体始终保持在一个平衡的状态，慢慢地你脸上的油就不会这么多了。事在人为，爸妈相信你能调理好自己的皮肤，更会调整好自己的心情。

你需要了解的知识点：

1. 为什么我的脸是个大油田

进入青春期之后，如果脸突然之间变得很油，一般可以从以下这两个方面去考虑。第一，脸上总是出油，说明很可能是相对标准体重可能是略胖了一些，或是油脂类食品吃得多了一些。油性皮肤的女孩子到了青春期以后，皮肤会变得特别油，就像个"大油田"。第二，青春期生长发育旺盛，皮脂分泌过多，所以才导致皮肤始终油油的，这种情况一般不要紧，过了青春期就好了。当然也不能掉以轻心，如果不注意清洁面部，很可能会引发黑头、粉刺等皮肤问题。

2. 护理油性皮肤其实并不难

油性皮肤的女孩子，除了平时要注意多洗脸，避免皮肤油脂分泌过多，堵塞毛孔，引发黑头粉刺，还要勤洗头，平常尽量把头发扎起来，不要让头发接触到面部；衣服也要常换洗，养成良好的卫生习惯。另外，还要注意饮食，尤其是你的皮肤本来就很油了，一些含油过多的食物、油炸食品尽量少吃，像烧烤、蛋糕、麻花等，能不吃就不吃。然后再配合用一些适合自己肤质的清爽型的护肤品，慢慢地脸上的出油状况就会得到改善。

3. 改善皮肤出油状况要节食

对于不是油性皮肤引起的出油,我们一定要从根本上找原因,看它是青春期的正常现象,还是因为自己的不良习惯引起的。但不管是哪一种,都要先从内部调理做起,应该注意节食,否则到最后只能是瞎子点灯——白费蜡,一点作用也不起。一般认为,熬夜、压力大,都会引起面部出油,如果你有这个习惯,就要引起重视了。青春期皮肤的出油相对好处理一些,只要平时多注意饮食,养成良好的卫生习惯,过了这个时期就没事了。

4. 油性皮肤其实没什么不好

有些女孩子发现自己是油性皮肤以后,特别苦恼,怨这怨那,这种做法非常不可取。还不如静下心来,好好研究一下自己的肤质特点,针对自己的皮肤制定出一套行之有效的护理方案,慢慢改善皮肤的出油状况。何况油性皮肤也不是一点儿好处也没有,至少在冬天的时候,油性皮肤的女孩子脸不会感觉特别干燥啊。

## 我可以自己脱毛吗

一到夏天,小雪就开始犯愁,别的女生在大热天可以穿短

第3章　何惧肌肤苦恼，这些小问题不必担忧

裙短裤，而她为了不让胳膊上腿上的汗毛被别人发现，不得不整天穿着长袖衣服和长裤，既不好看又热得难受。小雪清楚地记得，自己以前胳膊上腿上非常干净，几乎没有一根汗毛，只有胳肢窝里有稀稀拉拉的几根黄毛。夏天的时候，穿T恤短裤或者裙子走在街上可美了，班上的女同学都纷纷羡慕她，夸她的皮肤好光滑、好细腻。可不知道怎么回事，自从小雪两年前得了阑尾炎，做了一次手术之后，胳膊上和腿上就一下子长出了好多又长又黑的汗毛，真是难看死了。

这个夏天，小雪决定再也不委屈自己了。现在电视上、报纸上到处都有脱毛用品的广告，什么脱毛膏、蜜蜡、脱毛器，品种繁多，种类齐全，听同学说效果都挺不错的，而且价格也不算太贵。有几十块钱的，也有一两百块钱的，就看你自己选择哪一种了。小雪也想试一试，她实在不想再在那么大热的天里，穿长袖衣服和长裤了。不仅别人看了会感觉你这个人不太正常，自己也会觉得非常难受。

**爸妈送给小雪的话：**

其实爸妈一直也觉得挺对不起你的。如果我们当初执意不让医生给你使用激素药，可能你现在也就没这么多烦恼了。后来我们问过医生，医生说激素药的确会刺激毛发生长，而你就属于这一种情况。现在，你长大了，爸妈希望你能正视这件事，既然事情已经发生了，再去追究谁对谁错已经没有任何

意义了。你知道吗？大夏天，看着别的女孩子穿漂亮的短裙短裤，而你却不得不穿长袖长裤，爸妈心里也挺难受的。

但是，据爸妈所知，目前没有一种脱毛产品是完全令人满意的。不管是脱毛膏也好，蜜蜡也罢，都只能起到暂时的效果，并不能永久地脱毛。你听到这个消息可能会很失望，但爸妈希望你能明白，如果你不悦纳自己、接受自己，别人也不会悦纳你、接受你。

爸妈知道，每一个青春期的女孩子都爱美，爸妈也希望你可以度过一个无悔的青春，不要给自己的成长留下什么遗憾。但作为一个学生来说，爸妈认为学习才是最重要的。比起外貌，内在往往更具有决定性的作用，你说是不是？

你需要了解的知识点：

1. 女孩子体毛多是病吗

首先，你一定要明确一点：汗毛多不是病。不用担心，一般汗毛多的女孩子都是雄性激素分泌较多，而雌性激素分泌过少，所以才导致出现一些男性化的特征。不过，医生提醒，如果你的汗毛突然增多，同时伴随着额角发际后缩、喉结突出、声音变粗而低沉以及阴蒂肥大、月经不调、闭经等现象，这肯定就不正常了。这种现象属于病理性的，可能与脑垂体与卵巢功能异常有关，需要到医院去检查，然后对症治疗。不过，这种情况极为罕见。

## 2. 脱毛用品真的有效吗

市面上的脱毛产品非常多,可以说是五花八门,琳琅满目,然而效果也是良莠不齐。至今没有一种脱毛产品是完全有效的。脱毛膏只适合毛发稀少、皮肤不太敏感的人,由于脱毛膏里面含大量的化学物质,会破坏皮肤的毛囊,因此不能长时间使用。刮毛刀不小心会弄伤皮肤,而且毛发刮过以后,会比以前长得更粗、更长,生长速度也会加快,也不是很理想。

## 3. 当心脱毛脱出皮肤病

有些毛发比较长而且比较浓密的女孩子,很喜欢用蜜蜡脱毛,蜜蜡脱毛的优点是脱得很干净,几乎不留毛根,而且以后长出的汗毛会一次比一次细。但是蜜蜡脱毛很痛苦,就像上刑一样非常疼,弄不好还会扯烂皮肤,导致皮肤发炎感染,引起不必要的皮肤病。而且蜜蜡脱毛以后,皮肤上会有很多小红点点,要抹一些修复乳。刚脱以后不能晒太阳,一晒就会留下斑点。这一点女孩子一定要注意。

## 4. 学着悦纳自己的身体

既然没有一种脱毛方法是完美的,那么我们就要学着悦纳自己。接受不完美的自己,把汗毛看成是自己的一个特点,看成是自己身体的一部分,这样我们就不会觉得它多余,想要把它一举除之而后快了。悦纳自己,别人才会悦纳你。况且,在青春期,还有许多比这更重要、更值得我们关注的事情,把时间都浪费在这个上面，岂不是有点可惜？

## 化妆后的我，真的很好看

"妈妈，你的口红让我用一下可以吗？"星期六早上，见妈妈在化妆，欢欢也想试一下，便试探着问妈妈。镜子里的妈妈笑了一下，柔声地说："当然不可以，化妆品是专用的，尤其是口红，只能一个人用，不能公用。"欢欢一听，失望极了，低着头半天不说话。见欢欢不言不语，妈妈笑着说："怎么了，不给你用生气了呀？"欢欢嘟着嘴说："可不是嘛，我们班的女生，经常好几人凑钱买一套化妆品，谁都用，我看她们用得都挺好的。我和你是一家人，关系比她们近多了吧，你还不让我用，真是小气的妈妈！"

妈妈耐心地笑着解释说："不是妈妈小气，你想啊，妈妈是成人，你还是个孩子，妈妈的皮肤都已经长细纹了，而你的皮肤还水嫩水嫩的，你说我用的东西敢让你用吗？用出问题了怎么办？再说你现在还小，还不到用口红的时候。不过，妈妈答应给你买一支润唇膏，你涂在嘴唇上以后，嘴唇的颜色会变得粉粉嫩嫩的，绝对比妈妈用的口红还好看，好不好？"一听妈妈要给她买润唇膏，欢欢一下子喜笑颜开，连忙说："谢谢妈妈！""不过，"妈妈接着说，"只能你一个人用哦，可不能借给别人用。"欢欢一把搂住妈妈的脖子，笑着说："知道了，化妆品要专人专用对不对，真是个啰唆的妈妈！"

爸妈送给欢欢的话：

女孩子到了青春期，变得爱美了，想要化妆，想让自己变得更漂亮一些，这种心情爸妈非常能理解。但是，不得不说的是，爸妈不支持你这样做，更不希望你过早地使用化妆品。因为现在的化妆品几乎没有一种是纯天然的，用在我们的皮肤上之后，或多或少地都会给我们的皮肤带来伤害。尤其你现在还处在发育期，新陈代谢旺盛，给自己化妆，不但会引发一系列的皮肤问题，还会破坏自己的肤质。

对于正处在青春期的女孩子来说，青春才是最美的，"清水出芙蓉，天然去雕饰"，你这个年龄段的女孩子，根本就不需要化妆，青春和活力就是你们最好的妆容，这可是多少化妆品和华丽的装扮都换不来的。所以，爸妈希望你珍惜自己的青春时光，没有什么比一张青春期女孩子的笑脸更能让人觉得生活的美好了。这个时期化妆，就像是画蛇添足，不但不会给人美感，还会破坏清纯的气质，让人觉得你会俗气。

你需要了解的知识点：

1. 尽量选择纯天然的护肤品

青春期女孩子的皮肤，通常都会有一些小问题。不管是脸上长了痘痘，还是鼻子上长了黑头，还是天生的油性皮肤，还是皮肤粗糙毛孔大，还是不管哪个季节皮肤都特别干燥，在选择护肤品的时候，除了要选择适合自己皮肤的，最好还是纯天然的，尽量不含化学物质的。这样，会让我们的皮肤少受一些伤害。另外，油性皮肤的女孩子最好不要用粉底，以免堵塞毛孔，引发痘痘、黑头等皮肤问题。

2. 青春期的女孩不宜常化妆

化妆品里面大多都含有化学物质，如有些美白的化妆品里面有含铅的化合物，铅是一种有毒金属，对我们的身体非常不好。青春期的女孩子，皮脂分泌旺盛，经常化妆，不但会堵塞毛孔，还会引起色素沉淀，在脸上留下难以消除的斑点。所以，一般不提倡青春期的女孩子化妆，过度地使用化妆品。

3. 睡觉前务必要把妆卸干净

如果化了妆以后，睡觉前千万记着要把妆卸干净，不要带着妆睡觉，这对我们的皮肤非常不好。卸妆的时候，先卸假睫毛、眼影等，然后再卸脸部。卸妆油用婴儿油就可以了，专业的卸妆油虽然好用，但时间长了，也会给我们的皮肤带来伤害，使我们的皮肤提前老化。另外，脸上的妆面一般不要超过4个小时，时间越长，化妆品里面的色素沉淀得越多，对我们的皮肤越不好。

4. 青春的笑脸是最美的风景

古今中外，几乎都有的文学作品都在讴歌青春的美丽。青春期的女孩子在这一时期，已经对自己的性别有了认识，那种像水莲花一样低头的娇羞，不知陶醉了多少诗人的心。所以，才有了16岁的花季、17岁的雨季之说。不管长得美还是丑，只要我们发自内心地绽露笑容，就是一道最美的风景。外在的美固然重要，但没有内在的知识和清新的气质做支撑，这样的美便失去了美的本质，也有悖于我们的青春。

# 第4章

## 不必忧虑，正视青春期的这些身体变化

青春期的女孩子，除了皮肤会出现这样那样的小烦恼，身体也会出现各种各样的小问题，比如，有些女孩子会因为各种原因产生不洁的体味；有些女孩子身上会散发出难闻的狐臭味；有些女孩子由于体内雌激素水平过低，会长"小胡子"；有些女孩子因为身体的原因，会有白带的小烦恼；有些女孩子身上的汗毛会变得越来越浓；有些女孩子不知道怎么清洗身体，不注意私处的卫生；有些女孩子下体会因为各种原因出现瘙痒，有些女孩子偷偷地自慰解决性冲动。这一切的一切都是因为我们正处在青春期。这一章的内容将主要带你了解青春期女孩子身体上常见的小问题，希望看了以后，能给你带来一定的帮助。

## 身体上有体味，怎么去除

早上，霄霄刚坐到座位上，同桌飞飞就捂着鼻子大惊小怪地说："霄霄，你昨晚干什么了，身上怎么有一股怪味啊，这么难闻！"霄霄一听，脸一下子红到了耳朵根，为了掩饰自己

的窘态，她只能一边掏书一边故作轻松地说："没干什么呀，昨晚我一直在家里写作业呢，昨天老师布置了那么多作业，我都快写到12点了才写完，哪有时间出去玩呀！"飞飞一听也附和着说："这倒是真的，我也快写到12点了，今天早上要不是妈妈叫我，肯定又迟到了！"

第一节课刚下，霄霄马上去了趟厕所，把卫生巾换掉，身上的味才没那么大了。每次来月经的头两天霄霄都挺犯愁的。尤其是下课以后，猛一站起来，感觉经血就像水一样汹涌澎湃，来势汹汹，稍微不注意，就会弄到裤子上。那几天，不要说是别人，就连霄霄自己也能闻到自己的身上有一股浓浓的血腥味。对此，霄霄也挺烦恼的。本来想买一些带香味的卫生巾，但妈妈说那种卫生巾不能用，勤换卫生巾味道就没那么大了。想来是今天早上自己出门的时候急，忘了更换，所以，飞飞才说自己的身上有一股怪味。看来，以后特殊的时候，一定要记得勤换卫生巾，免得引起别人的误会。

**爸妈送给霄霄的话：**

女孩子来月经的时候，身上的确会有一股味道。尤其是有些女孩子月经比较多，味道相对可能会更大一些。这都没什么的，只要在经期注意勤换卫生巾，这种尴尬就完全可以避免。另外，每天早晚最好清洗一次下体，及时洗掉下面的血垢，同时，勤换内裤，身上的味道就没那么大了。青春期的女孩子都有过这种小烦恼,你不必太放在心上。

　　有些女孩子到了青春期以后,身上会有一股像男孩子一样的汗味,有些女孩子身上会有一股狐臭味,其实那才是真正的体味呢。青春期各种分泌都很旺盛,特别是夏天的时候,人出汗比较多,如果再不注意清洗,不及时换洗衣服,不好的体味就会很容易引起别人的反感。所以,不管你是哪一种体味,养成良好的卫生习惯非常重要,只要平时注意多换洗衣服,勤洗澡,适当地用一些香味淡雅的护肤品,完全可以遮住身上的体味。

　　你需要了解的知识点:

　　1.引发体味的原因有哪些

　　随着身体的生长发育,女孩子到了青春期以后,体味可能也会发生一些变化。有些女孩子身上总是有一股非常难闻的味道。有些女孩子因为喜欢运动,却又不注意清洗身体,不勤换洗衣服,所以身上可能会有一股像男孩子一样的汗臭味。还有些女孩子在经期,由于经血过多,身上会有一股浓浓的血腥味。甚至有些女孩子不小心得了妇科病,身上也可能会有一股腥臭味。

　　2.身上有体味了怎么办

　　针对上面所说的几种情况,如果是狐臭,就需要尽早治疗。如果是运动引起的汗臭,只要在做完运动以后,注意勤洗澡，及时更换衣服就可以避免。经期的血腥味，除了要勤换卫生巾，每天还要记得清洗下体，勤换内裤，也会有很大的改善。至于妇科病带来的腥臭味，则一定要到正规医院去检查，对症治疗，千万不要盲目地用洗液或者自己胡乱服用消炎药、抗生素。

3. 体味是一种病吗

一般来说，正常的女孩子的体味应该是香的，就算不香也至少不应该难闻。如果你的体味突然变得很难闻，那么很可能是你的身体出现了某种病变。像狐臭和妇科病引起的腥臭味，就是一种疾病，一定要及早发现，及早治疗，讳疾忌医只会延误病情。

另外，像经期和运动引起的血腥味和汗臭味，只要我们平时养成良好的卫生习惯，勤更换卫生巾，勤洗澡，勤换洗衣服，就没事了。

4. 同学们会嫌弃我吗

身上有了体味以后，好多女孩子跟同学交往的时候都会有顾虑，怕被别人嘲笑，怕被同学嫌弃。其实，只要我们平时为人正直，待同学热情，好学上进，就算我们身上暂时有不洁的体味，同学也不会太介意的，顶多也就是在背后议论一下，或者当面和你开个玩笑，只要你不刻意掩饰自己的缺点，大大方方地跟同学交往，相信没有人会嫌弃你的。

## 狐臭是怎么回事

小露很小的时候,就听别人说,妈妈年轻的时候有狐臭,后来经过多次手术治疗,才彻底治好了。有人说,狐臭是遗传性的,父母双方或者单方有狐臭,子女十有八九也逃不掉。得了狐臭的女孩子,就算长得再漂亮,也不会有男孩子喜欢。因为那个味道,一般人根本接受不了。所以,小露从小心里就特别担心,怕妈妈的狐臭会遗传给她,更怕小伙伴们因此而讨厌她,不愿意和她玩。就这样,在担惊受怕中,小露度过了自己的小学时光。

转眼快要上初中了,小露担心的事情一直都没有发生,这下,小露放心了。她觉得妈妈的狐臭不会遗传给自己了,自己都这么大了。就在小露暗自庆幸的时候,却发现最近同桌的小小见了她老是捂着鼻子,小露问小小怎么了,小小说自己这两天可能有点感冒了,鼻子有些不太舒服。小露还傻乎乎地叮嘱小小,按时吃药,多喝热开水,很快就会好的。却没想到,她一直都在担心的事情竟然发生了——她遗传了妈妈的狐臭。

爸妈送给小露的话:

没想到妈妈的狐臭会给你造成这么大的心理影响,但是就像你想的一样,狐臭的确会给我们的学习和生活带来很大的影响，对于这一点，爸妈不想避讳。妈妈也是在你这个年龄得上狐臭的，自从得了狐臭，同学们都不怎么跟我说话了，见了我就像老鼠见了猫一样，躲得远远的。妈妈一开始看到这种情况，心里也很难受，觉得自己怎么这么倒霉，人一下子变得很自卑，做什么事情都没有信心，学习自然也是一塌糊涂。后来，妈妈想通了，就算妈妈再怎么难受，狐臭也不会离妈妈而去，倒不如接受现实，积极行动起来改变自己。凭着这个信念，妈妈走过了自己的学生时代。也因为少了很多烦扰，妈妈的学习成绩始终都很优秀。

很多事情并没有绝对的好坏之分，关键是看你自己怎么看，如果你觉得得了狐臭就到了世界末日，那么别人也帮不了你。遇到事情，一定要从积极的方面想。现在医学这么发达，你的这些问题根本算不了什么，所以，不必担心，你只要做好眼前的事就可以了，爸妈会尽快安排你接受治疗的。

你需要了解的知识点：

1. 狐臭是怎么产生的

一般来说，产生狐臭的原因主要有两种：一种是先天性的，一种是后天性的。绝大部分的腋臭发病人群都有家族遗传史。后天性的狐臭主要跟个人的卫生习惯和摄入的食物有关，如果每天摄入大量辛辣刺激性的食物，或者天气炎热的时候，不勤洗澡，不勤换洗衣服，或者因为怕冷穿衣过多，精神易紧张且爱出汗，都会导致我们的身上出现难闻的气味。狐臭的味道主要来自于腋窝的大汗腺，夏天重冬天轻，每个人的气味大小不同，女孩子发病率比男孩子高，多发于青春期。

2. 得了狐臭怎么办

传统的狐臭治疗方法主要有：中医外敷、手术治疗、药物注射、食物治疗等。针对青春期的女孩子，通常手术治疗的效果最好，见效最快，而且不易复发。因为狐臭主要是由于汗液的分泌引起的，通过手术治疗可以切除狐臭部位的真皮层内汗腺，从根本上解决狐臭问题，一劳永逸。现在去除狐臭手术多采用梭形切除、Z形成形法，或S形皮瓣真皮层切除法。另外，养成良好的卫生习惯非常重要，饮食也要注意尽量清淡一些，这样就可以彻底远离狐臭的烦恼了。

3. 狐臭能治好吗

得了狐臭先不要紧张，一定要先跟父母去医院检查，看是什么原因引起的狐臭，然后再在医生的建议下对症治疗，千万不要自作主张乱用药，贻误了最佳的治疗时机。更不要因此而不敢出门，不敢和别人接触，怕别人会嘲笑自己。大多数的狐臭都可以治愈，尤其是刚发现以后，汗腺还比较小，只要尽早治疗，完全可以治好。

4. 同学们会因此讨厌我吗

因为狐臭的气味实在难闻，所以，得了狐臭以后，可能很多同学都会因此对我们敬而远之，这个时候，我们千万要冷静，不要跟别人起冲突，更不要对别人怀恨在心。这种事，碰到谁的身上都一样，别人的反应其实也是很正常的。

所以，没必要太放在心上。一般的狐臭都可以治好，切不可为了这么一点小事，浪费了自己大好的青春时光，那样就太不值得了。

## 为什么女孩子也会长胡子

"艳艳，才两天不见，你怎么变成男孩子了呀，还长了一抹小胡子。"星期一早上，艳艳刚坐到座位上，邻坐的珍珍就跟她开起了玩笑。艳艳还没来得及开口呢，又听同桌的月月大声地笑着说："是啊，我正要问她呢，两天不见，到哪儿做的变性手术啊！"说完，月月和珍珍忍不住哈哈大笑。艳艳刚想生气，又想算了，自己也常开她们两个人的玩笑，这次就放过她们了。于是，也笑着说："我也不知道怎么了，就变成这样了，还被你们两个人取笑，我的样子很可笑吗？"

月月边笑边从书包里掏出随身携带的小镜子，递给艳艳说："你自己看吧！"艳艳一照镜子吓了一跳，镜子里的那个女孩子不知什么时候，竟然长出了两撇小胡子，真是要多难看有多难看，要多滑稽有多滑稽。怪不得珍珍说自己变成男孩子了呢，月月还说自己是不是做了变性手术，也难怪她们笑得前仰后合，女孩子哪有长胡子的呀。可这是怎么回事啊，前两天自己还好好的，怎么一夜之间，就长胡子了呢？下午放学回家以后，一定找爸妈问个清楚，看这到底是怎么回事，是自己生病了还是因为其他什么原因造成的。

爸妈送给艳艳的话：

女孩子到了青春期以后，由于身体的发育，有些人的确会很滑稽地长出小胡子，就像你现在这样。从医生的角度来讲，青春期的女孩子长"小胡子"，其实跟长汗毛的道理是一样的，都是因为肾上腺功能亢进，雄性激素分泌过多作怪。等过几年，你体内的激素水平恢复正常了，"小胡子"就会自然而然地脱落。所以，爸妈希望你不要为此而烦恼，影响了自己正常的生活和学习。

到了青春期以后，女孩子的身体的确会发生这样那样的变化，男孩子也一样，爸妈相信你能沉着应对。如果你实在觉得"小胡子"碍事，可以适当地用一些脱毛膏使其脱落，或者使用汗毛漂白剂使"小胡子"变得透明。只要不伤害到你的身体，爸妈都举双手赞成。青春期是一个女孩子一生当中最重要的时期，爸妈不希望因为这件事，给你的青春留下任何遗憾。

你需要了解的知识点：

1. 女孩子为什么也会长"胡子"

一般认为，只有男孩子才长胡子，其实，在青春期，有不少女孩子也会长"小胡子"。这是因为，到了青春期以后，随着身体的生长发育，女孩子的性腺也开始加速发育，并分泌出大量性激素，有些女孩子由于身体状况等各种因素的影响，性激素分泌失常，就会出现汗毛增多甚至是长"小胡子"的情况。没必要太担心，只要采取适当的办法，简简单单就可以去掉讨人厌的"小胡子"。

2. 长了"小胡子"怎么办

如果属于青春期的自然现象，不必处理。为了美观起见，也可以用脱毛膏脱毛，使茸毛软化进而脱落，或者使用汗毛漂白剂使"小胡子"变透明，这样也可以达到一定的遮丑效果。如果情况相当严重，属于病理性的多毛，则一定要去医院检查，针对病因进行治疗。原发病治好了，汗毛自然而然就会脱落。千万不要盲目地刮、剔、刺激毛发，这样反而会适得其反。

3. "小胡子"能剔吗

和身上长了汗毛一样，脸上长了"小胡子"，千万不要盲目地采用剃刀剃毛、刮毛。那样虽然见效快，但很容易再生，而且新长出的毛发会变得更粗，更难以解决。并且，如果不小心刮破了皮肤,还有可能引起皮肤发炎感染,留下难看的疤痕那可比长小胡子还难看。采取一些相对保守但安全的方法来去除,同样可以达到美容的效果,而且还不会有太大的副作用。

4.同学笑话我,该怎么办

就像你本来文文静静,但突然有一天一下子变得异常活泼,让周围的人都感到很难适应一样。其实,长了"小胡子"也是这样的,刚开始大家肯定都不习惯,觉得你像个怪物,时间长了,都看习惯了,也就不觉得了。所以,同学们笑话你的时候,反应不要过激,把这件事看成是成长过程中的一段小插曲好了,任她们笑去吧,做好自己该做的事才是最重要的。

## 这么重的汗毛,真烦人

暑期的时候,玲珑跟着爸爸妈妈去乡下的奶奶家住了几天。玲珑记得自己都快两年没有见过奶奶了。去的时候,爸爸妈妈和玲珑还没有走到村口,远远地就看到奶奶站在自己家的大门口朝路边不断地张望。一看到他们一家三口,奶奶激动得眼泪都下来了。到了屋里,奶奶把玲珑拉到自己的怀里,让玲珑坐在自己的腿上,然后摸着玲珑的头,不停地问这问那,问她上学的时候爸爸妈妈接不接送,又问这次考试考得怎么样,平时和同学关系处得好吗等,不管奶奶问什么,玲珑都表现得非常有耐心。临走的时候,奶奶拉着她的手说:"我就知道我的玲珑是个好孩子,将来一定有福气,你看这胳膊上的汗毛多浓多密。"

回到家以后,玲珑问妈妈:"奶奶说得是真的吗?我真的将来会有很大的福气吗?"妈妈笑着说:"当然是真的,只要你现在好好学习,在家里做个听话懂事的好孩子,在学校做个品学兼优、全面发展的好学生,将来福气一定不小!"玲珑认真地点点头说:"嗯,我也是这么想的,本来我还觉得女孩子汗毛重挺难看的呢,现在看来,我这个有福之人肩上的担子还不小啊!"

**爸妈送给玲珑的话:**

你能这样想,爸妈真的感到很欣慰。看来,你真的是长大了。要知道像你这个年龄的女孩子都非常爱美,不允许自己身上有一点点不好。长得胖了的想减肥,长得瘦了的又想增肥。脸上长了痘痘,就好像觉得是到了世界末日,眼前的一切都是灰蒙蒙的。身上长了汗毛,就千万百计地想要拔掉、脱掉、剃掉,结果非但没有达到预期的效果,还使汗毛变得越来越浓密,使自己的情况越加不可收拾。浪费了宝贵的时间不说,还让自己陷入无边无际的烦恼当中无法自拔。

爸妈真的不希望你变成那样，为一些根本不值得在意的事情，浪费宝贵的时间和精力。爸妈身上也有汗毛，但我们相互之间并没有嫌弃过对方。真实的才是最美的，敢于向别人展示真实的自己，也是一种自信的表现。况且，汗毛重对我们的日常生活并没有什么太大的影响。你现在这样，爸妈觉得没什么不好，所以，爸妈希望你不要过于苛责自己，要学会试着接受不完美的自己，只有这样，别人才会从心里接受你。

你需要了解的知识点：

1. 引起汗毛重的原因有哪些

女孩子到了青春期以后，的确有些人身上的汗毛会变得越来越重，就像个男孩子一样。之所以会出现这种情况，一种说法是跟遗传有关，随父母，是天生的，即所谓的返祖现象；另一种说法是在青春期，女孩子身体发育过快，导致体内激素失调，雄性激素过多，雌性激素过少。还有一种情况，如果你曾经服用过激素类的药物，也会刺激汗毛加重。但一般来说，青春期的女孩子身上长汗毛，都是一种很正常的现象，没必要太担心。

2. 汗毛越来越重是病吗

一般认为，青春期的女孩子身上汗毛加重是一种正常现象，欧美人种比我们亚洲人的体毛还要多。如果个人非常介意，也可以到医院去做个内分泌检查，看是不是内分泌方面出现了问题。

假如突然之间身上的汗毛加重，同时还伴有其他异常现象，就要考虑是否病理性的多毛症，出现这种情况，一定要及时到医院检查治疗。

3. 盲目脱毛要不得

盲目脱毛不但会破坏皮肤的毛囊，引发皮肤病，而且一些皮肤敏感的女孩子，在用了脱毛产品之后，通常会适得其反，给皮肤带来更大的伤害。

现在市面上的脱毛产品都是治标不治本，反复使用，反复发作，时效非常短。至多一个星期，毛根就长出来了。尤其是刮过以后汗毛会长得更快，而且新长出的汗毛会比没刮之前更粗、更长、更黑。

4. 学会接受不完美的自己

世界上没有哪个人是十全十美的，也没有人说长汗毛的女孩子就一定不美。外表只是一个方面，内在的东西才是最重要的。女孩子一定要有女孩子的样子，不管什么时候，都要让自己看上去很干净，要有一颗善良的心，笑起来要很真诚，这才是最最重要的。

学会接受不完美的自己，正确对待自己身上的汗毛，和它们和平共处，这样别人才会更加愿意接受我们。

## 女孩私处卫生要注意

自从萌萌来了月经之后,每天晚上临睡前,妈妈都要来问她:"亲爱的萌萌同学,小PP洗了吗?底裤换了吗?"每每在得到萌萌肯定的答复后,妈妈才会笑着满意地离开。有时候,萌萌心情不好或者很累,晚上实在是不想动弹,心想明天洗也一样,但妈妈就是不依不饶,非要她洗过了才能上床睡觉。

萌萌知道妈妈这样做是为了自己好,也知道私处的卫生对女孩子来说很重要,但就是觉得妈妈有点太坚持原则了。有些时候,她感觉自己都快要累死了,妈妈非要把她从热被窝里拉起来让她去洗。唉,摊上这么个负责任的妈妈,真是有苦都没地方去说。

过了一段时间以后,也可能是养成习惯了,每天晚上临睡前,即使妈妈忘了问,萌萌也会很自觉地把私处清洗干净,然后再换上干净的内裤,才上床睡觉。有时候萌萌也想偷懒不洗,但不知道怎么地,翻来覆去就是睡不着,总觉得下面没有洗干净,睡下不舒服。唉,看来姜还是老的辣,怪不得人们常说习惯成自然呢,养成了习惯,就算没有人监督,自己也会自觉不自觉地跟着习惯走。

爸妈送给萌萌的话:

有时候,不是爸妈唠叨你,是因为随着年龄的增长和身体的生长发育，女孩子到了青春期以后，汗腺和皮脂腺分泌旺盛，大小阴唇皱壁部位容易积存污垢，如果不注意清洗，会造成阴部病变。所以，一定要对自己的私处卫生引起足够的重视。另外，来了月经以后，如果你不进行适当的清洗，身上可能会有一股怪味，而且，白带多的时候，如果不清洗，不仅感觉不舒服，还会引起阴部瘙痒，因此，对于青春期的女孩子来说，清洗私处非常有必要。

千万不要怕麻烦，什么都是习惯，只要养成习惯了，你就不会觉得每天清洗身体是很浪费时间的一件事。况且，适度地清洁，对你的阴部健康非常有好处，不仅会感觉不到任何不适，还不容易得上妇科炎症，会让你少了许多不必要的麻烦。再说了，女孩子天生都是爱干净的，这点事情对你来说算什么啊，你说爸妈讲得对还是不对？

**你需要了解的知识点：**

1. 为什么每天都要清洗私处

女孩子到了青春期以后，身体新陈代谢旺盛，汗腺和皮脂腺分泌增多，阴部褶皱部位非常容易积存污垢。另外，随着青春期卵巢功能的活跃，出现白带，再加上阴道离肛门或尿道很近，较易受到尿液和粪便的污染。这些原因，其实很容易造成女孩子外阴瘙痒，进而引起继发性感染和毛囊炎。长期瘙痒还可能造成失眠、憔悴、焦虑和高度神经质。所以，清洗阴部对女孩子来说非常重要，可以让我们远离疾病和痛苦的侵扰。

2. 清洗私处该注意些什么

首先，一定要用温水，过高或过低的水温都会刺激到阴部，给我们的阴部带来不良的反应。另外，清洗外阴的小盆、毛巾和水要做到专人专用，定期消毒。内裤要选择透气性好、吸湿性强的纯棉织品，千万不要穿别人的内裤，新买的内裤记得用开水烫过之后再穿。注意经期卫生，经期也要清洗私处。如果发现白带异常要及时去医院检查，以免引起阴道病变。不过度清洁阴部，做到一天一次就可以了。

3. 切勿乱用各种洗液

青春期的女孩子由于处女膜的保护，一般都不需要使用专门的阴部护理洗液，用干净的温水清洗就可以了，乱用各种洗液，反而会破坏阴道天然的弱酸性环境，给私处的健康带来不利的影响。另外，千万不要灌洗阴道，这一点女孩子一定要注意。如果非要用，也要用一些天然的、性质比较温和的洗液，最好让大人帮忙选购，这样才能保证有效地保护我们私处的健康。

4. 洗完不要忘了换内裤

有时候，清洗完私处以后，如果内裤看上去很干净，有些女孩子就觉得不换内裤也没什么关系，反正也没脏。其实，在穿了一天之后，我们的内裤已经很脏很脏了，上面有肉眼看不清楚的数不清的病菌和细菌，如果洗了外阴却不及时更换内裤，比没洗还糟糕。所以，女孩子清洗完私处之后，千万不要忘了换上干净的内裤，同时将换下的内裤洗干净，晾到干燥通风处。

# 第二篇

## 心理变化：青春要与快乐同行

# 第 5 章

## 不必自卑，记住青春就是美

爱美之心人皆有之。尤其是正处在青春期的女孩，身体仿佛一夜之间发生了变化，有些茫然不知所措，但又觉得一切都是那样地新奇，像是进入了一个全新的世界。于是，有的女孩因为相貌平平而感到自卑；有的女孩开始讨厌穿校服；有的女孩想减肥，让自己变得苗条一点；有的女孩对"班花"产生了羡慕、嫉妒的心理；有的女孩想化妆、想穿高跟鞋，吸引男生的目光……一样的青春，不一样的烦恼。每个女孩都渴望漂亮，都渴望成为异性眼中的"白雪公主"。那么，爸爸妈妈对我们的烦恼会有什么好的建议，我们又该了解哪些知识呢。如果你对这个话题感兴趣，不妨随我们一起走入这一章。

## 长相普通，我很自卑

下午放学一进门，瑶瑶就把自己关在房间里，不跟爸爸妈妈打招呼，也不写作业，一个人气呼呼地坐在椅子上，不知道谁惹她不高兴了。妈妈赶紧上前关切地询问："怎么了，瑶瑶，出什么事了，怎么一进门就拉着一张脸，快给妈妈说说，是不是谁又惹着你了。"可不管妈妈怎么说怎么问，瑶瑶就是一声不吭。妈妈是个急性子，要不是爸爸在一旁拦着，估计电话早打到瑶瑶班主任那儿去了。

一直到吃晚饭的时候，瑶瑶才突然没头没脑地问了一句："老爸，老妈，我是不是长得很难看啊，为什么我们班的男生见了我都不说话？"爸爸妈妈听了这才明白瑶瑶情绪反常的原因，两个人不由得相视一笑，心里的石头才算是落了地，原来瑶瑶是进入青春期了，开始为相貌自卑了。

爸妈送给瑶瑶的话：

相貌是天生的，是爸妈给的，也因为这个原因，女孩子由丑变美的几率非常小，灰姑娘变成公主只不过是个美丽的童话故事，是现实生活中基本上不会发生的。所以，你一定要试着接受自己的相貌，并且学会欣赏独特的自己，如果连你自己都不喜欢自己，觉得自己长得很难看、很自卑，不敢正眼看别人，那别人还怎么和你说话呢？你喜欢的那个歌星，长得也不是很出众，但她就敢站在那么多人面前唱歌，一点儿也不觉得自卑，人人都说她是实力派，就因为她是靠自己真正的唱功出名的，而不是靠外表吸引观众的。

爸妈希望你以后能做一个像韩红那样的实力派。虽然长得不漂亮，但咱们可以努力学习，充实自己，做一个有内涵的女孩子。培养多种兴趣爱好，让自己变得多才多艺，用实力来证明自己。千万不要盲目地自卑，因为为了相貌自卑一点都不值得。一个相貌平平的女孩如果非常自信，有阳光般灿烂的笑容，又很乐观，容易和别人相处，学习上门门功课都不落后，那么又有哪个男生不想和你说话呢？

你需要了解的知识点：

1. 自卑是青春期的一种表现

你现在已经进入青春期了，很多青春期的女孩子，都会因为这样那样的原因感到自卑，并不是只有你一个，你大可不必太放在心上。青春期是青少年特殊的一个发展时期。在这个时期，男孩子和女孩子的身体都会发生变化，无论是心理上还是生理上，都会更加接近成人。所以，这时候青少年的心理问题特别多，有些青少年会觉得焦虑不安，有些青少年甚至会变得非常逆反，凡事都跟父母对着干……其实这些都是青春期的一种很正常的表现，就像平时感冒了我们会头疼发烧一样，只要把它看成是很自然的一件事情，我们就不会烦恼了。

2. 怎样才能消除自卑的心理

第一，你要试着学会接受自己的相貌，学会欣赏独一无二的自己。第二，找一张纸，找一支笔，写下你所能想到的自己的优点，当你发现自己有那么多别人没有的长处的时候，你不但不会觉得自卑，还会为自己感到骄傲。第三，认真地学习，作为一个学生，没有比优秀的学习成绩更能让人刮目相看的事情了，用实力来证明自己。第四，多看一些励志的课外书，向书中的主人公学习，看他们是如何克服自卑的心理，最后走上成功道路的。第五，要时刻提醒自己，一定要自信，因为自信的女孩子才是最美丽的。

3. 怎样跟男同学正常地交往

大家对青春期男女生交往问题会很敏感，一旦把握不好，就会很容易成为同学们议论的对象，给自己惹来不必要的麻烦，带来诸多苦恼。所以，当你在和男同学交往的时候，一定要把握好一个度，既不能像跟女同学交往时那样随随便便，表现得很亲热，又不能见了男同学连招呼也不敢打，要表现得很自然，大方地、友好地和男同学交往，只要把关系控制在正常的朋友范围内就可以了。这样既可以加深你对男孩子的了解，同时也有利于你心理的健康。而且，男孩子身上有很多值得你学习的地方，跟他们建立友谊，你会受益不少。

## 每天穿校服，真的很烦

"悦悦，你怎么还不穿校服啊？快点快点，再不穿上学可要迟到了，都上初中了还不让人省心，穿个校服也要妈妈说好几遍！"自从上了初中以后，每天早上悦悦几乎都是在妈妈的再三催促下，才极不情愿地把校服穿在身上。其实以前，悦悦是挺喜欢穿校服的。

事情要从中考过后的某一天说起。那天，班里搞同学聚会，要求每个同学都参加，悦悦也去了。可是当悦悦进去以后才发现，除了她，不管是男生还是女生，基本上都穿着生活装。甚至有些女生还化了妆，穿上了高跟鞋，打扮得相当成人化，引得男生女生像众星捧月一样，纷纷簇拥在她们身边。唯独悦悦"鹤立鸡群"地穿着蓝白校服。有一个男同学讽刺地说："悦悦不愧是三好学生，就连聚会也不忘穿校服。"一句话惹得其他同学哈哈大笑，悦悦又气又羞，脸一下子红到了耳朵根。那一刻，悦悦真恨不得有个地缝钻进去，永远也不要出来。

从那以后，悦悦再也不喜欢穿校服了。可恶的校服，让她丢尽了脸。

**爸妈送给悦悦的话：**

爸妈非常理解你的心情，也知道女孩子长到你这么大的时候，会一下子变得非常在意自己的外表和着装打扮。其实这都是女孩子到青春期以后非常正常的一种表现，你不必为此而感到困扰。你会有这样的想法，充分说明你已经长大了，爸妈由衷地为你感到高兴。青春期是女孩子生长发育的一个很重要的阶段，在这一时期，你的心理也会随之发生很大的变化，常常会莫名其妙地生气发火，会很在意同学对你的看法，就像你参加了同学聚会之后变得不爱穿校服了一样。别人可能只是善意地跟你开个玩笑，你却觉得别人是在嘲笑你，故意让你难堪。

在青春期，女孩子通常都会很敏感。在这里，爸妈想跟你说的是，有些时候不要太在意别人对你的看法，因为别人的看法不一定都是对的，要学会坚持自己的观点。别人的意见可以参考，但不应照单全收，那样会让你变得逐渐失去自我。就像爸妈上班穿工作服是为了让客户觉得我们很规范专业一样，作为学生，学校让你们穿校服也是同样的道理，学生只有穿着校服才看上去像个规规矩矩的学生，学校也是用心良苦。你是个聪明懂事的孩子，爸妈相信你一定会做出正确的选择。

你需要了解的知识点：

1. 你为什么会变得不喜欢穿校服

就像你所说的，以前其实你挺喜欢穿校服的，觉得穿校服干净清爽，最重要的是穿在身上很舒服。现在之所以变得讨厌穿校服，是因为你觉得同学们都在嘲笑你还没有长大，是个十足的乖乖女。其实她们这样认为，你应该感到高兴才对。无规矩不成方圆，你在学校的时候像个学生，将来步入社会做什么事都会很专业。所以，千万不要受别人的影响，既然你是个学生，就要有个学生的样子，就要爱上穿校服。就像古代的时候将士们上战场之前都要披挂战袍一样，校服就是你在学校里面的战袍,它会时刻提醒你,你所肩负的学习大任。

2. 学生不穿校服有什么样的害处

其实,校服的设计是很人性化的,你看它虽然宽松,但穿在身上并不是像你想象的那样有多么难看。之所以设计的宽松,是因为青春期的孩子正处在生长发育的高峰期,太紧的衣服穿在身上,不仅会不利于身体的正常发育,还会给你的健康造成一定的影响。《家有儿女》中的夏雪也不喜欢穿校服,偷偷地穿着她亲生母亲给她买的时装就出去了,结果却给自己惹来了很大的麻烦。事情过去以后,夏雪非常后悔。所以爸妈希望你健康快乐地成长,过好每一天,不希望因为校服的事,而让你的学习和生活受到侵扰。

3. 学生为什么上学必须要穿校服

学校要求学生统一着装,是出于以下考虑,一是所有的学生都穿校服,老师站在讲台上,精力更容易集中。二是学生穿校服,整个学校的校容校貌看上去会非常整洁,更便于管理,也有利于学生自身的安全。三是,学生现在还是纯消费者,还没有自己的收入,爸妈除了要每学期支付你的学费,还要负责你一年四季的置装费用。现在学校统一让你们穿校服,无形中给家里节省下了一笔开支,也减轻了爸妈的负担。放假了,爸妈才会有更多的时间陪你出去玩,增长见识。所以说,你要明白,让你上学穿校服是一举多得的事情,对谁都有好处。

## 减肥减肥,我要变美

元旦前夕,班里要排练舞蹈,好多女生都报名了,茵茵也兴冲冲地到班长那里去报名(茵茵从小就喜欢跳舞,而且舞蹈老师经常夸茵茵的动作感和节奏感都很好,是块跳舞的料)。但没想到班长竟然当场拒绝了她的要求,还说什么跳舞的人数已经报够了,要她选择参加别的节目。茵茵伤心极了,她知道这段时间,同学们一直都在背后管她叫"胖胖",她也没太在意,但现在没想到就因为她胖,居然连她最心爱的舞蹈也不能参加了。

"茵茵,你怎么不吃了,是不是今天的饭菜不合你的胃口?"吃晚饭的时候,见茵茵光吃饭不吃菜,妈妈关切地问。"不是的,妈妈,你做的菜一直都那么好吃,可是,我打算从今天开始减肥,所以不能再多吃饭了。"茵茵解释道。"原来是这样,不过,为什么突然想起来要减肥呢?"妈妈笑着问。茵茵就把班长不让她参加舞蹈节目的事一五一十地都告诉了爸爸妈妈,还说这次她下定决心了,一定要把体重减下去,变成苗条的女生,让所有的人都大吃一惊。

**爸妈送给茵茵的话：**

有时候，体重确实会给你的学习和生活带来不必要的烦恼，就像你说的你也想跳舞，但班长却不同意。因为别的女生都很苗条，如果把你加进去，班长觉得可能会影响了舞蹈的整体效果。说实话，这件事情也不能完全怪你们班长，一般的人都会这么想，包括爸妈也可能也会有这样的顾虑。你现在能主动提出减肥，爸妈心里很高兴，也非常支持你。一直以来，我们也很为你的体重而担心，怕这样下去会影响到你的身体健康，更怕长此以往影响你正常的学习和生活，给你的成长带来不必要的波折。

但是，减肥也要讲究方式方法，要科学地控制体重，不能靠盲目地节食减轻体重。你毕竟还是学生，保持旺盛的体力和精力，无论对你的学习还是生活都非常重要。在这个基础上，你可以适当地少吃一些富含高热量、高脂肪、高蛋白的食品，多吃一些新鲜的水果和蔬菜，慢慢地改变自己的饮食习惯。同时，养成良好的生活习惯，吃完饭以后先不要急着睡觉，走上二三十分钟，等胃里的食物消化得差不多了，再休息。另外，还要加强锻炼，多跑步，多运动，这样坚持下去，你的体重就可以慢慢地减下来了，而且还不会对身体造成任何伤害。

**你需要了解的知识点：**

1. 减肥是一件好事

保持适当的体重，不仅有利于你的形体美，而且对你的身体健康非常重要。因为体重过重也是一种病，而且体内脂肪过多还会引发身体其他器官的病变，给你的健康带来很大的隐患，让爸妈也跟着为你担心。再加上女孩子天生都爱美，都希望自己是窈窕淑女，可以随心所欲地穿自己想穿的衣服。但如果你的体重超标，很可能就连这个小小的愿望也实现不了，在别人眼里特别容易的事，在你这儿就会变成一种奢望。所以，从某种程度上来说，减肥对于你是一件利大于弊的好事。

2. 盲目减肥要不得

减肥要在健康的基础上，千万不要为了减肥而减肥。现在报纸、电视上的减肥广告五花八门，每一个都王婆卖瓜自卖自夸，说自己的产品的效果有多么多么地神奇，其实好多都是不可信的。一定要对症下药，先经过医生的诊断，确定自己属于哪种类型的肥胖症，再根据医生的建议，使自己的体重得到合理地控制，并且长久地坚持下去。切不可盲目地减肥，每个人的体质都不一样，对别人适用的方法用在你身上不一定会有效果，适合自己的才是最好的。

3. 要学会科学减肥

首先，一日三餐要定时定量，吃到八分饱就可以了，吃得太饱不仅容易长肉，而且还会觉得没精神。其次，减少蛋、奶、肉类食品的摄入量，饮食尽量清淡一些，饭前多喝汤；少喝含糖量高的饮料，不吃或者尽量少吃糕点、油炸类食物；多喝白开水或者稀释后的果汁、蔬菜汁，这样既能给身体补充足够的水分，同时也对健康更有利。再次，平时多锻炼，跑步或者跳绳，摇呼啦圈对女孩子来说，都是很不错的运动方式，对减轻体重有很大的帮助。

## 我也想拥有"班花"的美貌

"哼，长得漂亮就觉得了不起吗？每次都选她当领队，还说她是咱们班的班花，气死我了。"一路上欢子都在愤愤不平，觉得老天爷真是太不公平了，明明自己有绝对的优势可以当选，可最后还是因为外貌，输给了"班花"刘诗一，到手的机会就这么飞了，欢子越想越觉得自己窝囊。

回到家以后，爸爸妈妈见欢子嘴巴撅得老高也不说话，问她怎么了，她也不说话，最后问得实在不耐烦了，她才气呼呼地把事情的来龙去脉说了一遍，并且再三强调她是因为长相败给别人的。爸爸妈妈听了，笑着摇了摇头。妈妈假装不明白问欢子："你怎么能确定，你是因为外貌的原因才输给别人的？"欢子一下生气了："你们不相信我说的话啊，人家都说了前面的分数我和刘诗一一直不相上下，就是在后面回答问题的环节上分数才拉开的。同学们都说，刘诗一当选是因为她长得比我好看！"妈妈又问："那刘诗一听到自己当选后，她第一时间作何反应呢？"欢子表现出一脸的不屑："她当然是假惺惺地跑来向我道歉，我才不领她的情呢？猫哭耗子假慈悲，想要我祝贺她没门。"

爸妈送给欢子的话：

首先，爸妈要严厉地批评你，你处理问题的方式欠妥当。明明是你能力不如人，还把责任推卸到自己的长相上。爸妈为什么这样说，就凭最后刘诗一当选后能在第一时间跑来跟你道歉，就算不诚恳也罢，但人家这样做了。你呢，非但不领情，还对人家冷嘲热讽，没有一点容人之量。换作是爸妈，也绝对选刘诗一，而不选你。领队代表的是一个班级的整体形象，你连自己的错误都不敢承认，同学们还敢选你做他们的代表吗？你好好想想吧。

"班花"因为长得好看，肯定会引人注目，在许多方面注定会比你和其他同学幸运，但这都是相对的，是可以改变的。虽然长得不好看，但只要有一颗美好的心灵，有助人为乐的精神，加上又有优异的学习成绩，并且让自己变得多才多艺，这些如果你都做到了，爸妈相信，下一次你一定会当选。

你需要了解的知识点：

1. 对"班花"的羡慕和嫉妒从何而来

青春期的女孩子除了会关注异性，也会关注同性。"班

"花"确实长得很漂亮,吸引了诸多男生的目光,但也激起了女生们对她的羡慕和嫉妒。所以,"班花"也不好当。外表看上去光鲜美丽,内心快不快乐却没有人知晓。再说,人的相貌是与生俱来的,相信"班花"如果知道相貌会给她带来这么多的麻烦,她可能宁愿自己长得普通一些。子非鱼,安知鱼之乐。而你之所以对"班花"羡慕、嫉妒,无非是因为她聚焦了男生的目光,但爱美之心人皆有之,就连你有时候都不知不觉被她所吸引,更何况是男生呢?

2. "班花"身上有什么值得你学习的地方

事实证明,"班花"并不都是脑袋空空的花瓶。她们除了美貌,成绩也非常不错,而且能歌善舞,如此种种加起来,才使她们具有了较大的吸引力。三人行,必有我师,如果你想变得比"班花"更优秀,那么就要改变对"班花"的看法,跟她交朋友,学习她的长处,不断地充实、提高自己。青春期的女孩子都渴望友谊,都希望自己能有更多的朋友,能被更多的人理解,只要真诚地付出,你会有更多意想不到的收获。

3. 如何把自己打造成别具一格的"花"

青春期是人的一生当中最重要的成长阶段,在这个时期,只要把握好,不断地充实自己,培养自己的各种良好习惯,将会使你终身受益。利用课余时间,多读几本好书,不仅能扩大你的知识面,还能让你的情操得到陶冶。养成运动的习惯,让自己每天都充满活力，有几样拿得出手的兴趣爱好，这些都可以增加你在同学中的人气，让你变得越来越受欢迎。谁都喜欢跟优秀的人交朋友，做不了"班花"不要紧，但要把自己打造成名副其实的"花"，不但外表美丽，而且更加有内涵。

## 我想化妆，想引起男生的注意

"妈妈，给我也化个妆吧？"看着镜子里的妈妈在各种化妆品的神奇作用下，变得越来越漂亮，就像换了个人似的，雯雯禁不住小声地央求着。妈妈笑了："傻孩子，你还小呢，等你再长大一点，妈妈就教你怎么样化妆好不好？""不好，人家现在就想学嘛！"雯雯开始大声地抗议了。"那你告诉妈妈，你为什么要化妆呢？"妈妈摸着雯雯的头亲切地问。"我都已经青春期了，我想……"说到这儿，雯雯一下子脸红了，她怎么能跟妈妈说她化妆是为了吸引男生的目光呢，那样岂不是太丢人了，说不定还会被妈妈骂。对，不能说，坚决不能说。

"总之，我就是想学嘛，妈妈，你就教教我吧，我也想打扮得像你一样，优雅又美丽。"妈妈"噗哧"一下笑出声来："马屁精，没想到嘴还挺会说。不过，不是妈妈不想教你，是你们这个年龄根本就不需要化妆，还记得妈妈小时候教你念的那两句诗吗,'清水出芙蓉,天然去雕饰',自然才是最美的。"雯雯说:"真的吗?那为什么我们班的好多女生都偷偷地化妆呢,还说化妆能吸引男生的目光。"一说到这儿,雯雯的脸又不好意思地红了。

爸妈送给雯雯的话:

异性相吸是自然界的定律。你想化妆,把自己打扮得更漂亮一点,吸引男生的目光,可以说这是青春期女孩子很正常的一种心理。爸妈非常能理解,也支持你用正当的方式爱美,把自己最美的一面展现出来。女孩子本来就是美丽的天使。但爸妈对你用化妆的方式来达到吸引男生的目的表示不赞成。外在的美是很肤浅的,而且很容易被模仿。你化妆,别的女孩子也会化妆,可能化得比你还要好看,这样一来,你的目的同样达不到。

真正美丽的女孩子,除了要有完美无瑕的外表,还要有深刻的内涵,这样才能经得起时间的考验。爸妈不反对你追求美,但希望你能了解什么才是深层次的美。青春是美丽的,同样也是短暂的,爸妈相信你会珍惜自己的青春时光。虽然化妆能掩盖你脸上的缺点,让你看上去显得更美,但你知道化妆品里面含有的一些化学成分会对你娇嫩的皮肤产生哪些不良影响吗?青春期身体的新陈代谢比较旺盛,皮肤又比较敏感,这时候化妆会很容易伤害你的皮肤,所以,关于化妆的事,爸妈建议你先不要着急。

你需要了解的知识点：

1. 你为什么会产生这种心理

青春期女孩子会一下子变得爱漂亮，同时也非常在意异性对自己的看法，对自己的性别开始产生了不一样的感觉。于是，迫切地想把自己的女性美表露出来，这就是为什么在青春期，好多女孩子都喜欢把自己打扮得比较成人化的原因。这种心理其实很正常，女孩子不必为此感到害羞，也不要觉得自己是不是变成坏女孩了。我们之所以会产生这种心理，是因为我们已经长大了，认识到男女有别了。

2. 化妆对你的皮肤有哪些影响

化妆品里面都或多或少地含有一些化学成分，用久了会对我们的皮肤产生一定的影响，这就是为什么晚上睡觉前我们必须得把妆完全卸干净的原因。女孩子在青春期，身体各方面都在发育，皮肤非常地敏感娇嫩。如果我们盲目地为了吸引男生的目光，频繁地把各种各样的化妆品涂在脸上，久而久之，就会给我们的皮肤带来很大的伤害，不仅会破坏我们皮肤的正常功能，而且让我们看上去很庸俗，给我们的美丽减分。

3. 吸引男生的目光另有他法

不管是在学校，还是在社会，漂亮的女孩子总是能够更多地吸引异性的注意，但那些品学兼优、德才兼备的女生，更能引起优秀异性的关注。比如，你长得不漂亮，但琴、棋、书、画样样精通,而且学习成绩门门优异,那么你完全可以不用担心会没有男生注意到你。漂亮的外表通常会引来更多华而不实的追求者,就像爱花的人,有真正懂花的,但也有仅仅只被花的外表所吸引的一些人。而这些我们一般人很难分辨,只有内在的美,因为经得起考验,才会让人保持长久的注意力。

# 第 6 章

# 烦躁不安，青春期的我就像个小刺猬

进入青春期以后，女孩子的心会不知不觉地变得躁动不安。有些女孩子会莫名其妙地多愁善感，一点点小事也会让她难过半天；有些女孩子会陷入顽固的忧郁中而无法自拔，觉得做什么事情都不顺；有些女孩子会很在意别人对自己的看法和评价，别人的意见就是她心情的晴雨表；有些女孩子最怕当众做了出丑的事情，被别人看笑话；有些女孩子会莫名的心情烦躁，感觉看什么都不顺眼，心里老有一股无名火想要发泄出来；有些女孩子会不服父母的管教，冲父母发脾气；有些女孩子甚至想和老师大吵一架……这就是青春期女孩子的烦恼。她们常常觉得自己已经长大了，却常常不自觉地犯着小孩子的错误。如果你对此还心存疑惑，这一章的内容将帮助你甩掉青春期女孩子的怪脾气。

## 为什么我总是郁郁寡欢

这几天，晓晓不知道自己是怎么了，老是动不动心里就感觉莫名其妙地难受，常常有一种想哭的冲动。那天，家里养的两条红鲤鱼，昨天都还好好的，第二天晓晓给它们换水的时候，就见其中一条浮在水面上一动也不动，怕是再也活不过来了。而另一条好像对同伴的离去并不感到难过，依旧欢畅地在水中游来游去，时而吐几串水泡，时而秀一个漂亮的华丽转身。看着这截然相反的两种生命场景，晓晓的眼泪不知不觉就流了下来。

晓晓觉得自己好像一下子变成了《红楼梦》中的林黛玉，落花伤春，落叶悲秋，眼泪特别得多，就像水龙头一样，稍微碰一下，眼泪就出来了。总之，人变得非常敏感，有时候别人无心的一句话，或者有意无意的一个眼神，晓晓都会琢磨上大半天，然后再想当然地唏嘘感慨一番。由于思绪比较繁乱，晓晓经常静不下心来学习，学习成绩几乎是直线下滑。就连以前恨不得一天不吃不喝都要看完的小说，现在看上两行晓晓就感觉已经到极限了。晓晓不知道自己该怎么办，该如何尽快地从多愁善感中走出来？

爸妈送给晓晓的话：

女孩子到了青春期，基本上都会出现多愁善感的情绪。有些女孩子性格比较开朗，心里有什么不痛快会及时地说出来，跟别人沟通，让别人为她排忧解难，再加上她们平时大大咧咧，不拘小节，不在乎别人的看法，多愁善感对她们来讲，可能也就是一时半会儿的事，根本构不成什么大的威胁。而一些性格内向的女孩子，由于什么话都喜欢藏在心里，自尊心又特别强，所以，会不自觉地陷入多愁善感的情绪中而无法自拔，最后让自己的学习和生活都受到了很大的影响。

可见在青春期，你一定要正确看待自己多愁善感的情绪，既不能放任自流，任其四处蔓延，也不能深陷其中不能自持。到了青春期以后，"少年不识愁滋味"的无忧无虑就会渐渐地离你远去，你也会有这样那样的心事。因为，在青春期这一特殊的阶段，无论从心理上，还是生理上来说，你都变得越来越接近成人了。想的事情多了，考虑的问题也多了，自然就会出现一些负面的情绪。而这一切都标志着你已经长大了。

你需要了解的知识点：

1. 我为什么会突然间变得多愁善感

女孩子到了青春期以后，生理上和心理上都会出现很大的变化。很多女孩子对发生在自己身体上的变化一时之间没法接受，有些惊慌失措，有些害羞，甚至还会出现排斥的心理。这都是因为女孩子对青春期还不太了解，只要你稍微花一点时间了解一下，就会明白这一切其实都再正常不过了。你之所以会突然变得多愁善感，也正是因为你已经到了青春期了，而这只不过是青春期比较常见的一种现象，没什么大不了的。

2. 多愁善感对学习生活有哪些影响

多愁善感会让你的心思变得更细腻，同样也会在小事情上浪费你宝贵的时间,有时还会让你看不到生活的美好和前进的方向。你为阴天落泪,就无法畅快地享受温暖的阳光;你为飘落的黄叶难过,就会错过春来时绿荫满枝头的生机盎然。季节更替,春华秋实,本来就是自然界不为人的意志所转移的规律。所以,一千多年前的范仲淹说过:"不以物喜,不以己悲。"只要你的心境平和,以平常心对待身边的一切,就不会受到外界的干扰。多愁善感只会让你变得越来越消极,看不清事情的真相。

3. 如何合理地调整自己的不良情绪

当你的心里感觉难受的时候,最好不要一个人待在房里,独处只会让你更加难受。可以把这种不好的感觉讲给父母听,让父母帮你分析、开导。或者转移注意力,做自己喜欢做的事,出去找好朋友打几场乒乓球,或者舒服地躺在沙发上晒个太阳,或者逗邻居家的小猫小狗玩玩,都会有效缓解你的多愁善感。另外,针对自己的性格,多交几个爱说爱笑的朋友,可以把心里的烦恼讲给她们听,同时,她们的开心乐观也会感染你。

## 总是心情忧郁,无法自拔

也许是爸爸妈妈一直不在身边的缘故,小敏从小性格就很忧郁,清澈的眸子里总有一丝挥之不去的淡然和忧伤,感觉不像个天真烂漫的孩童而像个小大人。

上中学以后，家里的情况好转了，爸爸妈妈为了更好地照顾小敏的学习和生活，把小敏接到了自己的身边，一家人终于在一起了。小敏很喜欢和爸爸妈妈住在一起，这是她一直以来都渴望得到的温暖。爸爸妈妈和小敏久别重逢后，出于这些年的愧疚，对小敏可以说是宠爱有加。不管小敏提出什么要求都尽量满足她，给她提供最好的学习生活条件。但是不知道怎么了，小敏最近感觉自己越发忧郁了，心里没有一点安全感，一天到晚老是担心这个那个的。从小学一年级到六年级，小敏的成绩一直都名列前茅，这次居然破天荒地没及格。拿到成绩单那天，小敏哭得非常伤心，觉得自己太丢脸了，但又不知道该怎么跟爸爸妈妈解释，爸爸妈妈会相信自己说的话吗？

**爸妈送给小敏的话：**

在这里，爸妈想跟你谈谈什么是忧郁。从大的方面来说，忧郁就是心情不好，思想很消极，看问题很悲观，容易走极端。结合你的表现来讲，就是心里缺乏安全感。有些人的忧郁是天生的，大多数人的忧郁都是受周围的环境影响，或者是遇到了一些挫折和打击。你从小不在爸妈身边，缺少关爱，所以才形成这样的个性。爸妈知道你一直都是个听话的好孩子，学习很努力，这次没考好，咱们下次努力，一定会考出好成绩的。

现在你长大了,已经步入青春期了。青春期有很多烦恼,但也有不少快乐。就像你所说的你陷入了顽固的忧郁中无法自拔,这其实也是青春期的一种表现。你不用担心,只要把它看作一件很平常的事来对待就可以了。当然,爸妈也希望你尽快从忧郁中走出来,快乐地度过青春期的每一天,不管发生什么事,爸妈都会和你站在一起。青春期是美好的,但也是短暂的,爸妈希望你把握好,让自己度过一个无悔的青春。

你需要了解的知识点:

1. 我为什么会无法自拔地陷入忧郁

人们都说青春期的女孩子像雾像雨又像风,时而迷茫,时而忧伤,时而张扬,让人捉摸不透。你之所以会陷入忧郁,是因为你正处在青春期,青春期的女孩子本来就很敏感,就像受惊的小鹿,外面的一丝风吹草动都会引起你的高度警觉。你既想品学兼优,又想多才多艺,想引起老师和同学的关注,想让所有人都认可你。但要知道这每一项做起来都不那么容易,人不可能一口吃成个胖子,凡事要循序渐进,只要自己努力了,就算没有达到预期的目的,也没关系,给自己的压力太大只会让你更加忧郁。

2. 忧郁对你的学习生活有哪些影响

有一句话是这样说的:乐观的人像太阳,照到哪里哪里亮;悲观的人像月亮,初一十五不一样。忧郁的人看问题很悲观,总是看到事情不利的一面,轻易对自己失去信心,认为自己做什么都做不好。青春期的女孩子由于经历比较少,很少受到真正的打击,因而会想当然地认为,只要自己努力了,就没有办不到的事。然而把结果想得过于美好,最后往往会受伤的。忧郁会让我们对学习和生活失去信心,对周围的人和事失去信心,因此这样下去是很危险的。

3. 如何使自己很快走出忧郁的泥淖

首先,要有意识地调节自己的心理,比如凡事换个角度想,多想想好的方面,多想想自己的优点,对人对事不必锱铢必较,宽容一些,自己给自己找快乐等等。这样坚持一段时间,你就会发现不知什么时候,你已走出了忧郁的泥淖,变成了一个快乐的女孩。其次,把你的苦恼说出来,和爸妈分享,或者讲给最好的朋友听,看看他们有什么好的建议。再次,多读一些思想健康、内容积极向上的课外书,这样也会帮助你很快摆脱忧郁。最后,跟性格开朗的同龄人多接触,试着和她们交朋友,学习她们身上乐观的精神。

## 别人对我的评价,让我很受困扰

前两天,班主任说教室后面的学习园地要重新更换,让每个同学都准备一幅作品。晶晶用心地画了一幅诗配画交了上去。那天，教室后面的学习园地刚一换上，一下课同学们就都围了上去，边看边对每个同学的作品评头论足。晶晶没想到自己的诗配画会被班主任贴在最为显眼的地方，而且还受到那么多同学的热切关注。晶晶的心里一时间又惊又喜，觉得自己好像一下子成了班里的名人，就连同学们看自己的眼神都跟平时不一样了。

此后，每当晶晶听到有同学说她的诗配画是所有作品中最为优秀、最富有创意的一幅作品时，她打心眼里高兴，就像刚刚获了大奖一样。而当有同学对她的作品持不同意见，说她的作品还略显稚嫩时，晶晶就会觉得说话的那个同学非常讨厌，不懂得欣赏还乱讲话。总之，那几天，晶晶的心情好像完全被别人的评价左右着，时而欢喜，时而沮丧，时而兴高采烈，时而垂头丧气，可以说别人对她的看法就是她心情的晴雨表。

**爸妈送给晶晶的话：**

青春期的女孩子一般都不会客观地评价自己，你们所谓的自我评价，实际上不是来自于爸妈，就是来自于老师、同学。别人说你很优秀，你便想当然地觉得自己很不错，洋洋自得，也不去细想别人到底说的是真话还是假话。总觉得自己的一切都是好的，而且爱听漂亮话，别人稍有微词，就觉得别人很讨厌。不喜欢听不同的意见，凡事都想由着自己的性子来，以自我为中心。这就是青春期女孩了的心理写照。

因此，如果你想不受他人的影响，不被他人的评价左右，首先就要学会正确地评价自己。客观地看待自己的优点和缺点，知道哪些方面你确实比别人强，哪些方面不如别人，还需要不断地向别人学习。只要清楚了这一点，爸妈相信以后你肯定不会再像以前一样，老是被别人牵着鼻子走。不管别人说什么，都不要太放在心上，有则改之，无则加勉，随她们去说吧。

你需要了解的知识点：

1. 为什么自己的心情会被别人左右

女孩子在青春期，由于生理和心理都处于不断发展完善的阶段，心情常常起伏不定，一波三折，跨度比较大，不知道该如何评价自己，也不知道评价的标准是什么，对自己没有一个认同。于是，别人的意见和建议，往往会让自己产生一种错觉，觉得那就是真正的自己。别人说自己好，你便觉得自己好，别人说你不好，你便生气、愤怒，对自己的认可度很低，心情完全被别人掌控。一切的一切都是因为，你正处在青春期。

2. 如何正确看待别人对自己的评价

女孩子往往更在意别人的评价，希望自己做什么都可以得到别人的认可。而事实上，现实总是不尽如人意。同样的一件事，有些人会表示支持，有些人则坚决反对。这个时候，你不能过于相信个别人的说法，有时候个别人的看法只能作为参考，凡事还得自己拿主意。要有自己的主张，只要你自己认为好，管别人说什么呢。

3. 怎样才能让自己的心情好起来

有时候，别人的评价的确能影响你的心情。如果实在没办法原谅别人，那么就把别人的风言风语化为自己前进的动力，只要你表现得够出色，那样说风凉话的人自然就没话可说了。积极正面的评价虽然可以引导我们不断地前进，但也容易让我们变得骄傲。所以，对于一个青春期的女孩子的健康成长来说，正面负面评价都要有一些，这样才会让你的每一步都走得特别稳健，不容易摔跟头。

## 万一当众出丑，被人笑话怎么办

灵灵永远忘不了那天早晨。她在校园里背英语单词回来，一进教室就看见好朋友雪儿和王小思，用很复杂的眼神定定地看着她，灵灵没有多想，边往自己的座位上走，还边跟她们轻松地开玩笑说，看什么看啊，我又不是外星人。

谁知灵灵刚一坐下，就见班主任李老师从她身边走过来。灵灵尴尬极了，脸一下子涨得通红，恨不得马上钻到地底下去。她终于明白雪儿和王小思为什么一直盯着她了,天哪,她居然没看到教室里有李老师,还说出那样的话,真是丢死人了。李老师走出教室以后,灵灵一个劲地埋怨雪儿和王小思,为什么不告诉她李老师在教室里,害得她闹了这么大一个笑话。雪儿很无辜地说:"李老师站在那儿,我以为你看见了。"王小思也附和着说:"是啊,我也以为你看见了,况且李老师就在我们面前呢,你让我们怎么告诉你啊。"灵灵知道这件事情都怪自己,谁让自己不长眼睛呢,看来这次又要被同学们当成笑话了。

爸妈送给灵灵的话:

其实,这件事没你想象得那么严重,老师顶多觉得你说话比较可笑,好玩罢了,况且你又不是故意的。再说你也没说出什么太过分的话啊,爸妈觉得是你自己太多虑了。同学们笑话就让她们笑话去吧,不必放在心上,偶尔闹个笑话,调节一下紧张的学习气氛也挺好的。何况在生活中,有些名人都免不了闹笑话。出丑不可怕,怕的是你太在乎这件事,时时把它记在心上,老是觉得别人都在笑话你。而事实上,别人很可能早就忘了。

你之所以害怕当众出丑,爸妈知道,你是怕别人嘲笑你,看不起你,实际上那样的人很少。大多数人都是善意的,看到你闹了笑话,哈哈一笑就过去了,不会对你有什么不好的看法。还有,你可能觉得闹了笑话以后,不知道该如何收场。这就需要有一点自嘲的精神了,找个合情合理的理由,自己先把自己笑话一番,巧妙地说明自己出丑的原因,既能很好地解除自己的尴尬,还会给别人留下了非常好的印象。

你需要了解的知识点:

1. 谁都有过当众出丑的经历

女孩子本来就很敏感,到了青春期以后,由于慢慢地有了自我意识,对自己的要求也会相应地提高,总是希望自己做什么事都尽善尽美,尽量不出错。而实际上,越紧张压力就越大,反而更容易出错。所以,越在这种时刻,你越要学会给自己减压。就算当众出丑了也不要太当回事,切勿从此否定自己。因为谁都有过当众出丑的经历,有些人可能闹得笑话比你还大,但人家并没有因此害怕导致以后就不敢做事,所以,你要正视这件事。女孩子爱面子谁都知道,但既然事情已经发生了,你就要学着接受,不是吗?

2. 把出丑看成是美丽的误会

一些幽默大师经常故意当着观众的面出丑,逗得大家哈哈大笑,从而给观众带来开心和快乐,由此可见,出丑也并不完全是一件坏事。最起码你出丑的时候,给别人带来了短暂的欢乐。所以,不要太把当众出丑看成是多么丢人的一件事,而要把出丑看成是一场美丽的误会,一次特殊的经历,是加快你成长的一堂课。

**3. 如何巧妙地从尴尬中脱身**

当众出丑以后,女孩子的第一反应就是觉得特丢人,脸一下子红了。其实,只要你正确认识了出丑这件事,不管别人的第一反应是什么样的,是笑话你,还是看不起你,你都要把它当成一件事情去解决。巧妙地给自己解围,既给别人有力的还击,又能让别人对你刮目相看。其实这也是对你的一次考验,考察你的心理素质,同时考察你的反应能力和口才,只要你沉着应对,就没有解决不了的难题。

# 第7章

## 情窦初开的年纪，收起心底的悸动

青春期的女孩子就像一枚青苹果，酸酸的，散发着青春特有的清甜气息，有点坏脾气，又有点说不出口的小心思。比如，会不好意思让男孩子发觉我们身体上的变化；觉得很害羞，不敢大大方方地抬头看男孩子；有些女孩子会开始喜欢帅哥明星，房间里到处都贴着自己偶像的照片；会渴望得到异性的关注，会偷偷地暗恋一个男孩子，并希望那个男孩子能明白自己的心；同样，经常会有自己不喜欢的男孩子缠着自己，让自己不胜其烦，不知道该怎样拒绝他；有些女孩子甚至会喜欢上学校里的男老师；有些女孩子和男孩子开始了甜蜜的早恋，但却尝尽了苦果。关于这些问题，爸妈会对她们说些什么，她们又需要了解什么，这一章的内容将详尽地为你解答，希望对你会有所帮助。

## 身体发生变化，生怕被男生发现

星期一早上，珊珊突然对去学校产生了一种恐惧感，她真的不想让同学们知道她"倒霉"了。可偏偏星期一早上最后一节课是体育课，她该怎么跟体育老师解释她不能上体育课的原因呢？就在珊珊左思右想，不知道该如何有惊无险地度过这个特殊时期的时候，就听好朋友明子在后面大声地问："咦，珊珊，你怎么站在教室外面不进去呀，这么冷的天！"珊珊不好意思地回头看了她一眼，笑着说："我在等你一起进去呢！"

虽然之前妈妈给珊珊讲了很多女孩子青春期发育的事，并告诉她不要紧张，每个正常的女孩子都会经历这种事。但珊珊还是觉得很难为情，坐在座位上一动也不敢动，生怕一不小心被同学看出了破绽。看珊珊神色不对，一下课明子便过来问她怎么了，珊珊本来不打算告诉明子，但又一想，明子早就和她一样了，再说她们是好朋友，就算明子知道了也不会告诉别人的。于是，珊珊跟明子说了自己来"倒霉"的事。明子一听就急了，低声说："你怎么不早告诉我呢，像你这样一直坐着是不行的，要适当地进行活动；还要勤上厕所，去的时候你叫我，我陪你去，放心吧，别的同学不会知道的。"听了明子的话，珊珊一下子感觉不那么紧张了，神情也恢复了自然，也不再担心上体育课了。

爸妈送给珊珊的话：

在青春期，女孩子的身体由于处在生长发育的高峰期，都会发生一些变化，只是时间上不同罢了。比如月经初潮，大多数女孩子都出现在12～14岁，但也有一些女孩子受遗传因素和营养状况的影响，月经初潮年龄会提前或者推迟一两年，这都是很正常的。来月经是一个女孩子生理成熟的重要标志，是身体发育的必然，就像随着年龄的增长你的个子会长高一样，是非常顺其自然的一件事，所以，你不必感到害怕，也不要觉得不好意思。只要是正常的女孩子，迟早都会经历这种事情，爸妈相信你一定会处理好的。

接下来，爸妈再跟你聊一聊在经期你该注意些什么。首先，要注意保暖，穿厚一些，避免接触凉水，尤其不能让小腹着凉，免得引起痛经。其次，尽量不参加运动量大的体育活动，不要长时间地骑车和走路，以免身体过度疲劳导致抵抗力下降，诱发感冒等疾病。另外，还要注意休息，保证充足的睡眠时间，多吃一些清淡而富有营养的饭菜，不吃太冷太冰的东西，多喝热开水。等你以后适应了，你就会发现这种特殊时期和平时并没有什么太大的区别。

**你需要了解的知识点：**

1. 身体发育是必然的一个过程

一般来说，女孩子的身体从10岁以后，都会出现一些生理上的变化。比如有些女孩子胸部会感觉到胀痛，有些女孩子体重会一下子增加，这其实都是身体发育造成的，也是必然的。一开始出现这种情况的时候，大部分女孩子都会感觉到害羞、惊恐、烦躁，不知道自己怎么了，又不好意思跟爸妈讲。于是，心理上变得无助不安，不想去学校，怕被同学们发现了自己的小秘密。这是因为你事先没有做好充足的心理准备,当你知道这些事情其实都很正常的时候,你就不会觉得不好意思了,也不会不安了。

2. 男生其实和你的想法差不多

在你发育的同时,男孩子也在发育,身体同样也出现了一系列的变化,比如说话的声音会一下子变得低沉浑厚,喉结会变得很凸出。以前他们可能很爱讲话,喜欢说说笑笑,打打闹闹,现在却一下子变得不那么爱说话了,其实他们也怕被同学们笑话。

在青春期,由于生理和心理的剧烈变化,男孩子也一样会害羞、惊恐、烦躁,面对身体上发生的变化,他们同样也会觉得手足无措,同样也会烦恼。其实,只要你们正视成长这种事情,一切都会迎刃而解的。

3. 正确看待自己身体上的变化

你觉得胸部变大了,说话的声音也突然之间变得又细又尖,而且还每个月都会来月经,这一切都让你觉得不好意思。实际上可能有些女同学还羡慕你比她发育得早,成熟得早呢,所以你要学会正确看待自己身体上发生的变化。首先要从心理上接受和认可这个现实,告诉自己这不是一件丢人的事,而是一件值得你庆祝的事,因为这一切都标志着,从此以后你将不再是个小孩子,你已经长大了。

## 不敢和男同学大方交往怎么办

在暑假里,珠儿感觉自己好像一下子长大了。伴随着月经初潮的到来,她的胸部也变大了,需要戴文胸了。有一天,妈妈带她去商场选购文胸,以前她也经常陪妈妈买内衣,没觉得有什么不好意思的,但不知怎么,今天脸红得像个苹果似的。她在试衣间试文胸的时候,她甚至都不敢抬头正视镜子里面的自己。珠儿没想到,女孩子长大了会有这么多的麻烦。

开学第一天,珠儿发现好多女同学都和她一样,见了男生感觉挺不好意思的,不敢大大方方地抬头看男生。既怕男生忽略了她们的变化,又怕男生发现她们的秘密。而且珠儿还细心地发现,过了一个假期之后,好多女生都像她一样戴上了文胸,下课如厕也开始结伴而行了,总是三三两两的。看到这种情形,珠儿心里一下子觉得不那么孤单了,心理也平衡了许多,原来并不是她一个人才有青春的烦恼,而是每个青春期的女孩子都要经历这种痛苦的蜕变。

爸妈送给珠儿的话:

你内心的惶恐不安和害羞,爸妈都能理解,因为我们也是从你这个年龄段走过来的,和你一样,也经历过青春期的困惑不安、烦躁等种种情绪。妈妈那时候还常想,自己要是个男孩子该有多好,做女孩子真是太麻烦了。然而,当妈妈后来跟一些男同学聊天的时候，却听到他们说自己要是个女孩子该有多好，就不用上体育课了。呵呵，开个玩笑。爸妈之所以这样说是希望你能明白，既然你已经是个女儿身，就要学着接受自己的性别。没有什么是最好的，男孩子有男孩子的性别优势，女孩子也有做女孩的好处。以后你慢慢就会明白的。

明白了这一点，从心理上接受了自己身体上发生的变化，爸妈想你以后可能再见到男同学就没有那么害羞了。你要知道，成长必然伴随着你要告别童年，步入青少年，身体上的生长发育是必然的，不可逆转的，它不会因为你害怕就不会到来。爸妈相信你不是个怕事的孩子，你会欣然接受这一份礼物的对吗？你现在已经长大了，一定要正确看待你身体上的变化，善待自己的成长，让你的身体发育得更好，这对你以后的学习和生活都有好处。

你需要了解的知识点：

1. 我为什么突然间害羞

当第一次面对自己身体上突然出现的变化时，大多数女孩子都会觉得很害怕，不明白这是怎么回事，这个时候，一定要第一时间告诉爸爸妈妈，既不能怕害羞，隐瞒实情不说，也不能擅作主张自己处理。虽然说你已经长大了，但成长对于你来说，还是一件全新的事。害羞是很正常的，青春期的女孩子由于身体上发生了翻天覆地的变化，一时间自己都感觉不能接受，有些应付不过来，更何况每天还要去上学，还要面对那么多的异性同学，想想都觉得可怕。

2. 正确看待自己身体的变化

就像上面爸妈说的，成长不会因为我们害怕恐惧就不会到来。既然成长是必然的，是每一个青春期的女孩子都必须经历的一件事，那么我们就要正确看待自己身体的变化，呵护好自己的身体。让妈妈帮忙选购合适的文胸，不懂的问题向妈妈及时请教，在经期注意个人卫生，不过度劳累，不参加剧烈的体育运动，不沾凉水，不提重物，不做伤害自己身体的事，让自己健健康康地成长。作为一个青春期的女孩子，一定要像初升的太阳一样，朝气蓬勃。

3. 怎么样克服羞怯心理

正值青春期的女孩子，之所以不敢大大方方地抬头看男生，就是害怕男生发现我们一夜之间长大了，胸变大了，说话声音变尖了，而且每个月都有那么特殊的几天，不得不向体育老师请假，让我们不能跟男生一样在操场上又跑又跳。其实，只要我们克服羞怯的心理，平时多跟男生交流，慢慢地，我们的胆子就会变得大起来。

大多时候，是我们自己在吓唬自己，也许男生根本就没有注意到我们的变化，即使注意到我们的变化又何妨，成长是一件多么美好的事啊！

## 我就喜欢长得帅的男明星

星期天早上，妈妈在厨房里做早饭，玉玉也跑去帮忙，于是妈妈一个劲地夸她说长大了、懂事了，知道心疼妈妈了。谁知，刚夸完没一会儿，玉玉的狐狸尾巴就露出来了，"妈妈，周杰伦又出新专辑了，我们班好多同学都买了，我也想买，你能不能赞助我点经费啊！"玉玉嬉皮笑脸地说。妈妈又气又想笑，故意说："不好意思，最近国库紧张，实在没有多余的经费赞助给周杰伦同学。"玉玉一听急了："妈妈，求求你了，我就是喜欢周杰伦嘛，他长得又帅，歌唱得又好，听同学们说，他这次的新专辑里有几首歌特别好听，买来我们一起听好不好。"

妈妈故意卖关子："你既然这么喜欢周杰伦，那你知道他是怎样进入歌坛成为新生代偶像的吗？"这一问把玉玉给问住了。虽然她的房间里贴满了周杰伦的海报，自称是周杰伦的铁杆粉丝，但对于周杰伦成名前的经历她真的不了解。见玉玉低着头不说话，妈妈笑着说："妈妈可以赞助你，但你要答应妈妈，向周杰伦学习，做个勤奋向上的人好不好？"玉玉小声地说："好。"回房间以后，玉玉上网查了一下，原来周杰伦成名之前吃过那么多的苦，就是因为他始终不放弃自己心中的理想，才一步步坚持走到了今天。想起爸爸妈妈平时对自己的教诲，玉玉这才明白了妈妈的良苦用心。

爸妈送给玉玉的话：

你能从这件事明白爸妈的心，爸妈真的觉得很欣慰。你现在已经长大了，开始有自己的想法了，爸妈知道再不能像小时候那样凡事都管着你，该给你适当的自由了。每个时代都有每个时代的偶像，就像你现在喜欢周杰伦，觉得他长得帅，歌唱得好，所以你买他的海报，买他的专辑，想要更多地了解他一点。这些爸妈都不反对。爸妈像你这么大的时候，也有自己喜欢的偶像，甚至现在也有自己喜欢的明星，不管哪个年龄段，追星都是很正常的。

因为那些明星身上有值得我们学习的地方，有吸引我们的地方。只有不断地学习别人的长处，我们才会进步。就像歌里唱的：不经历风雨，怎么见彩虹，没有人能随随便便成功。在现实生活中，的确是这样，如果周杰伦在打工的时候，放弃了自己的音乐梦想，那么今天在你房间里贴的可能就不会是他。机会永远是留给有准备的人的，爸妈希望你记住这句话。

你需要了解的知识点：

1. 追星是一种非常正常的行为

青春期的女孩子会突然之间对异性变得特别关注，其实这很正常，说出去也没什么丢人的。在这个阶段，女孩子通常会喜欢那些长得帅的男孩子，而男孩子则会格外注意那些长得漂亮的女孩子，所谓爱美之心人皆有之。对于青春期的男孩子、女孩子来说，对于异性的了解一般都是从外貌开始的，总觉得长得好看的，什么都好。就像女孩子往往会自觉不自觉地喜欢那些长得帅的男明星一样，觉得他们有一种说不出来的吸引力，其实道理都是一样的。

2. 你喜欢帅哥明星的真正原因

你为什么会特别喜欢这个男明星，是因为他的外表，还是别的什么地方吸引了你，让你深陷其中无法自拔呢？青春期的女孩子已经长大了，凡事要多问几个为什么，要根据自己的成长学会取舍。要知道，你喜欢的男明星在你这个年龄，不是被妈妈逼着练钢琴，就是在为自己的理想而努力。如果他们也像你一样盲目地追星，不重视自己的学业，那么今天站在台上的也许根本就不会是他们。所以，追星也要掌握方法，要学习明星身上的优点，来不断地充实自己。

3. 帅哥明星在生活中也是普通人

站在舞台上的明星总是英气逼人，阳光帅气，所到之处镁光灯闪个不停，总是能在报纸娱乐版的头条寻到他们的踪影，他们的生活很让人羡慕。然而在生活中，明星也是个普通人，也有自己的烦恼。由于他们是公众人物，往往要承受比普通人更多的压力，就连逛个街也不能尽兴，稍微有个风吹草动就见诸报端，没有多少自己的隐私。而且，好多男明星还有许多恶习，这都是你有所不了解的。

## 我暗恋一个男生，很苦也很甜

芸芸发现自己喜欢上马云飞了，和马云飞的每一次接触她都牢牢地刻在了脑海里。怕时间长了，自己有一天会忘记，她还特地买了一本带锁的日记本，把关于马云飞的点点滴滴都详细地记录了下来。

某月某日阴，放学以后，马路上车水马龙，人和车特别的多，我无意中看到马云飞和他们班的几个男生还在蹬车子，真的很为他担心，希望他好好的，不要有任何事！

某月某日多云，马云飞今天来我们班找人，和我几乎擦肩而过，第一次和他距离那么近，我感觉自己的心都快跳了出来，虽然最后他要找的人不是我而是别人，但见到他我还是很高兴。

某月某日晴，今天是个值得纪念的日子。我和马云飞，还有其他几位同学代表学校去参加"市小学生作文竞赛"，比赛完以后，带队老师不仅带我们去吃好吃的，还带我们去公园玩，最重要的是，我可以和马云飞大大方方地在一起，虽然两个人没怎么说话,但我依然感觉好幸福。坐公交车回学校的时候,我和马云飞靠得非常近,几乎能感觉到他的体温。他好像有点发烧,后背滚烫滚烫的。我真希望公交车,不要停下来。然而,学校很快就到了,我的梦破灭了。

爸妈送给芸芸的话:

女孩子到了青春期以后,心里都会有一个或者几个自己特别喜欢的异性。其实这是很正常的,爸妈不会嘲笑你,更不会因此就认为你是个坏孩子。不怕你笑话,爸妈像你这么大的时候,也有过自己特别喜欢的男同学、女同学。这些同学通常学习成绩都非常突出,各方面都很优秀,可以说是学校里的名人,用你们现在的话来说就是那种属于偶像级别的,老师同学见了他们几乎没有不认识的,可以说他们是全校的榜样。爸妈不知道你喜欢的男孩子是不是这样的。

其实,在学生时代,找到一个能让你奋发向上的人是一件好事。他的优秀就像灯塔一样,不断地指引着你前进的方向,使你学习起来更加有动力,更加有信心。他是那样的光彩照人,你为了能更接近他,必须不停地努力。有一天你和他一样优秀了,才有可能让他也喜欢上你。而在这个奋斗的过程中,你已经不知不觉长大了、懂事了,明白学生时代的爱是不成熟的,也是不理智的。这个时候,你会反过来感谢他,如果没有他,你很可能会就此沉沦下去。

你需要了解的知识点：

1. 你为什么偏偏对他有好感

其实，学生时代的爱是很单纯的，也是很纯洁的。女孩子喜欢的男孩子，一般都是那些学习成绩比较好的男生，他们因为成绩突出而倍受关注，老师器重他们，同学羡慕他们，自然而然他们也就成了许多女孩子暗恋的对象。还有就是那些有特长的男生，或者踢球踢得好，或者口才非常好，或者唱歌好听，或者说话特别搞笑，总之，他们有一些与众不同的特点，让女孩子觉得他们跟别人不一样。其实，说到底，你喜欢的很可能是他身上的优点，而不是他这个人。

2. 莫让喜欢影响了你的学习

喜欢一个人可以，但如果这种喜欢已经严重影响到了你的学习，那就太得不偿失了。感情是一件非常美好的事情，之所以美好，就是因为它能唤起你身上所有的优点，把你的潜力全部挖掘出来。不管你以前什么样，它都能把你变得更优秀。美好的感情是催人奋进的，你会为了喜欢的人做你想都不敢想的事，一次次挑战自己的极限。否则，那只能说明不是你喜欢错了人，就是那个男生根本不值得你喜欢。

3. 如何把喜欢变成正常交往

因为你是学生，首要任务是学习。如果你不顾一切，冲动地把你对那个男生的喜欢公开化，不但会给他带来困扰，而且你和他都会成为同学眼中的笑话，老师也会对你们产生看法，而这些都会对你们的成长极为不利。所以，你要学着把这种喜欢变成普通的朋友关系，和那个男生像好朋友一样正常地交往，学习上互相帮助，生活上互相关心，这样，对你对他，其实都是最好的结果。

# 第8章

## 保护自己，女孩自尊自爱是第一位

性一直是人类生活不可分割的部分，进入青春期后，很多女孩产生了对异性了解与认识的强烈愿望。性的成熟也随之会给青春期女孩带来许多心理问题和困扰，甚至表现出一系列心理行为，如对性知识的兴趣，对异性的好感，性欲望，性冲动，性幻想和自慰行为等等，这些都是不容回避的事实。此时，身为父母应该做好孩子的第一任且是最好的性教育老师，应及时、恰当地帮助孩子了解青春期的性知识，解除女孩的这些困惑，孩子才能拨开心中的疑云，健康、快乐地成长。

## 青春期女孩要学习一些性知识

小燕是一个13岁的女孩，进入青春期的她出现了各种性特征成熟的现象：她的音调开始变细变高，乳房逐渐增大，骨盆也开始变得宽大；胸部、肩部、臀部皮下脂肪逐渐增多，并长出阴毛与腋毛；更重要的是她不再像小的时候与男生划"三八线"，而是对男生有着一种好奇，很多时候不是排斥而是想要接近异性，喜欢寻找机会和他们交流，和他们一起活动。在一些活动中若是不经意地碰到对方或者被对方碰到，这时她的内心会泛起波澜，一种非常害羞的感觉会涌上心头，甚至使她不知所措。青春期是一个缓慢而连续的过程，会出现很多心理变化。这是每个人人生中的关键时期，尤其是在对性的认识上。于是母亲想通过适当的方法对小燕进行性心理教育，但一提到这些敏感的话题，小燕就害羞地跑掉，凡是涉及性的话题就要想尽各种办法逃避。可是，母亲很想知道女儿目前的心理状况。

爸妈送给小燕的话：

在这里，爸妈想和你聊聊关于青春期和性方面的知识，因为这是你走向成熟的过程中必须要知道和了解的知识，这对你的健康成长很重要。爸妈在你的这个年龄对性的认识也是朦朦胧胧，是在你的爷爷奶奶、外公外婆的教育下才有了一些初步的了解，这也是爸爸妈妈能够健康成长、有一个良好心理的重要原因。现在，你正处在青春发育的关键时期，你的身体、心理会发生一些变化，这些变化会使你充满好奇心，但是你要明白这些都是很正常的事情。

女孩子到了青春期，心理会发生变化，尤其是对性的好奇，或者是羞涩，这都是很正常的。不过，现在社会发展迅猛，我国青少年性成熟与20世纪六七十年代相比出现提前的倾向，性成熟的提前带来了性心理的提早出现。再有随着媒介的快速发展，关于性的信息也是成倍增多，人们的性观念也随之受到了极大的影响继而有所改变，这对处在青春期的少女更是有着强烈的刺激，这必然会影响到你们性心理的发展。然而，现如今复杂的社会生活又使你们的心理成熟推迟。所以，这个阶段，在你们心理并不成熟的时候，对性心理的科学理解是很必要的。

不要对性心理感到奇怪或者羞耻而躲避和父母交流，只有你说出心中的想法，爸妈才能正确地帮助你，使你健康地成长。

你需要了解的知识点：

青春期是生殖器官发育时期，随着生殖器官进入成熟阶段，心理也发生了很大的变化，很多孩子产生了性意识，这时你一定会产生很多好奇和随之而来的疑惑，那么你需要注意一些问题：

（1）很多女孩在青春期觉得出现性心理是一种羞耻的行为，于是产生强烈的羞耻感和罪恶感，还有的会把自己看做下流的人，其实这都是不科学的。不要把与性有关的东西想成与"羞耻"和"坏"等同的东西，因为性是人类最为自然的一种生理特征，要用科学的态度去了解和对待。

（2）父母是你最贴心的人，不要觉得害羞就不和父母说，出现不懂的问题要及时问父母，不要和陌生人随意交流，也不要轻易听信他人有关性的诱导,以免上当,从而形成不健康的、畸形的性心理,这对你的成长是百害而无一益的。

(3)要注意生理卫生,要勤换洗,尤其是内衣要干净,保持身体的清洁卫生对你的健康是非常重要的。

(4)要有适当的户外运动,但不要太剧烈,例如广播操、乒乓球、羽毛球等活动,不宜时间过长。户外运动本身就可以使你的心理得到一个放松的状态,这样能够对你的心理发展起到一个辅助作用。

## 有了"性幻想",是不是就是个坏女孩

珍云是一名高一的女生,是班里的文艺委员,平时喜欢看小说,尤其是言情小说,她能够着迷到抱着书看一天不和他人讲一句话。这样的现象很常见,但是她并未感到有什么不好,可是最近一段时间,她开始有一种心理上的负担,这都和她的一个梦有关。然而,她不知道怎么开口和父母说,心中很压抑。最终珍云选择了一个合适的时机向母亲道出了心声:"在初三那年我做过一个梦,梦见自己乘车去外婆家,途中发现我们班的男班长也和我在同一辆车上,和班长打过招呼之后,车停了下来,上来了一个外班的男生,自己也认识他,他坐到了

我前面座位上,然后就开始和我聊天,这时我发现班长似乎很不高兴的样子,后来我就下了车,但是发现班长在跟着我……再后来,我梦见班长在吻我的鼻子,然后我和班长就……接吻了,忽然我那个外班认识的同学站在我们面前大声说:'真不害臊!'我一下被惊醒了。"

爸妈送给珍云的话:

首先,爸妈想要和你说的是,你做的梦是你这个时期性成熟的一个反应,属于一种正常的生理现象。因为不仅仅是你一个人会出现这种"幻想",处于青春期的少女都会做这种梦,因为生理的变化,所以对异性的好奇心会增强,而且会有爱慕的渴望。你在一些杂志或者电视中看到一些情爱的镜头和片段,为你虚构出与自己爱慕的人在一起的想象,这样性幻想的基础就存在了。

其次,青春期的你正处在发育的旺盛期,你的体内性激素分泌开始增多,这让你产生了性意识。尤其是在看到了一些影视镜头或者小说中描绘的内容之后,你往往会不自觉地通过某种途径去发泄这种冲动,于是性幻想也随之产生了。

最后,梦中现象是正常的生理反应,说明你在逐步成熟,所以你不要有太多的心理负担,不要觉得自己是个没有道德的人。要正确地认识这个现象,摆正你的思想,把主要的精力放到现在应该做的事情上,那就是学习。慢慢地,随着你的年龄增长，对这些问题你会有更加清楚的认识，从而不再幻想。

你需要了解的知识点：

（1）性幻想是可以理解的，因为它是青春期心理需求的正常表现，没有什么副作用。但是要将自己的注意力放在学习上，不要沉溺于性幻想，否则会使自己无心投入到学习、生活中，这也是有害于身体健康的。

（2）现在的你正处于最为朝气蓬勃的阶段，对于性，你还是很懵懂的，因此可以借助父母了解一些性知识和性道德、性文明，使自己的好奇心得到缓解，也使自己更加理智和理性。

（3）要做到自重、自爱、自控。生理上的发育变化会引起心理上的一系列变化，性幻想就是其中之一，所以不要焦虑，不要把性幻想太当回事，有时候想想就也就罢了，别自责，自责会使你对性幻想的态度变得冷淡。当然，也不要不管不顾，要用一种理性的态度去对待这个问题。

（4）青春期是人生的黄金时期，要知道自己现在要做的事情有很多，并且对你今后的发展意义重大，因此一定要将自己的注意力放在学习和其他丰富多彩的活动中。避免接触黄色淫秽书刊，那种东西对你身心健康发展不利。

（5）人的大脑有一个特点，那就是同一时间只有一个兴奋的中心，这也是一心不可二用的由来，所以当你不知道怎么减少性幻想的时候，就激发自己做其他事情的兴趣，这样性幻想自然而然就离你而去了。

## 什么是性早熟和性晚熟

卓丽是一个长相甜美的女孩，8岁的她就已经是一个人见人爱的小公主了，每次与妈妈一起出门，都会有相识的或者不相识的人向她投去喜爱的眼光，与妈妈交流的叔叔阿姨更是夸她漂亮。然而，有一件事情让她自己感到有些苦恼，那就是她的乳房开始变大，并开始长出阴毛，她起初有点害怕，但是觉得应该没有什么，于是就没有和妈妈讲，可是9岁那年突如其来的月经让她大惊失色，迫不得已和妈妈讲了。妈妈也是吓了一跳，因为孩子才9岁，怎么会来月经呢？于是妈妈带她去了医院，经医生诊断才知道是"性早熟"。

青青是一名高中生，和其他的女生一样，她正处在青春期发育阶段，平时也接触了一些性知识，接受过一些科学的性教育，可是让她感到疑惑的是，这些青春期应该出现的变化似乎一点都没有在自己的身上发生过。她今年16岁，可是乳房还没有隆起，阴毛还没有长出来，更让她感到奇怪的是，她还没有来过月经。无奈之下，她找到了母亲，并和母亲一起来到了医院，经过检查，医生告知为"性晚熟"，并没有大的问题，这才让青青和母亲放下了一颗悬着的心。

爸妈送给卓丽和青青的话：

性早熟和性晚熟都不是正常的发育现象，就性早熟来说，孩子的发育年龄一般早于8岁。性早熟有一定的坏处，例如，由于性早熟的孩子青春期和生长期都提前、骨骺提前闭合、骨骼提前终止生长，所以会对孩子的身高产生不利影响。也许在发育初期会比同龄的孩子高，但是成年后身高却往往达不到遗传身高或者平均值。另外，生理上发生的改变可能会影响到心理发育，也可能会由于发育过早而使孩子的心理受到影响。所以如果发现有性早熟现象，家长应该在医生的指导下及时干预治疗。

性早熟的原因很复杂，其中一些化学物质的刺激是很重要的一个原因，这个原因也是很普遍的，因为很多家长为了让孩子美，把一些含有大量雌性激素的化妆品给孩子用，以为这会给孩子更多的营养，结果却适得其反。另外，环境中的污染物摄入，也会导致自己的性早熟，所以，一定要注意对化学物品谨慎对待。

那么性晚熟则是发育年龄被推迟的现象，如果女孩子14岁乳房不见隆起，15岁不长阴毛，16岁还不见月经，那就是性晚熟。不过，性晚熟并没有大的坏处，不需要治疗。因为，女大十八变，性晚熟几年不会影响孩子的感情和婚姻。造成性晚熟的原因大体是因为营养不良，可以通过改善营养来改变。

你需要了解的知识点：

（1）如果发现自己有性早熟的趋向，那么要和父母沟通，在父母和医生的指导下适应自己身体的变化。不要慌张，要冷静地分析，然后配合医生治疗，要相信自己能够健康地成长。

（2）当今市场上有名目繁多的营养品，然而这些营养品里多含大量的激素，这些激素对人的副作用是很大的，很可能会导致性早熟，所以不要乱用营养品，要对自己的身体负责。

（3）性早熟不要自己随便吃药，有些孩子自作主张，吃一些抑制发育的药物，是非常错误的，这会给健康带来很多问题。

（4）对于性晚熟，不要着急，把你的注意力放到学习上，只管去做那些在这个年龄段需要做的事就可以了。平时要注意营养的搭配，使自己能够获得一个健康的身体。

（5）无论是早熟还是晚熟，都不要慌张，要冷静，和家长进行良好的沟通，从而使自己能够从容地应对眼前的问题，这是健康成长非常必要的一环。

## 青春期的女孩不要过早进行性生活

周丽今年高二，她平时喜欢看杂志，也喜欢看言情小说，很多杂志和小说中都提到了性爱，尤其是一些小说描绘到性爱情节时，周丽就会感到脸红心跳，但是她非常想继续看下去，可是每次看完后心里就会有种罪恶感，这也为她增添了一些心理负担。平时学习中，她会时不时地想起那些情节，这让她无法集中精力。但是她认识到自己有必要去了解一些这方面的知识，以避免自己出现一些问题，然而她的父母都是非常保守的，很少和她去谈论这些问题，所以她也不知道该如何向父母讲，于是她找到了学校心理咨询室的老师询问性爱到底是怎么回事，还询问了自己这个年龄有性爱是不是正常的。

**爸妈送给周丽的话：**

其实爸爸和妈妈并不是不想和你讨论这个问题，而是正在寻找一个合适的机会和你说，现在你出现了这个问题而且很迷茫，那么我们觉得很有必要和你讲述一些这方面的知识和需要注意的问题。

现在的你就像含苞欲放的花蕾，十分稚嫩和娇弱，是需要父母精心呵护的。在这个阶段，你的身体发生了一系列的变化，特别是心理上，性意识的觉醒让你开始躁动，这都是很正常的。因为在青春期来临之前，女孩的性腺是沉睡着的。在11~15岁之间，女孩子的性腺在激素的刺激下苏醒过来。然后，性腺开始正常工作——分泌性激素，你的身体也开始发生变化，例如乳房隆起、阴毛长出、出现月经等，心理也随之发生变化。

由于国内外文化的差异，在国外，初潮作为女性成熟的标志是需要大张旗鼓地庆祝的，而在中国则好像是一件见不得人的事。不过无论是哪一种，爸爸妈妈都要向你讲述如何正确对待性爱。性爱是爱情的必然组成部分，也是人类最自然的一个特征。通过性爱，人们才可以繁衍后代。但是问题是你现在谈性爱还为时过早，一方面是因为你的心理还不够成熟，很多问题是无法面对的；另一方面，性行为过早对女性的危害是很大的，包括生理和心理上的伤害，所以要知道如何保护自己。

你需要了解的知识点：

（1）英国哲学家伯特兰·罗素曾经说过："回避绝对自然的东西就意味着加强，而且是最病态地加强对它的兴趣。"所以不要刻意地回避有关性爱的问题，可以适当地了解，这样能够减少你的好奇心，从而使你能够以一个正确的态度来看待这个问题，也会减少你因为这种事情出问题的几率。

（2）选择适合自己成长的环境，如果父母没有意识到，那么可以提醒他们为自己做些必要的工作。尤其是自己无法避免与一些充斥着淫秽信息的媒介接触时，要请父母帮忙，从而使自己与那些不健康的信息隔离，这样对自己形成一种健康的性爱观是非常必要的，对以后的情感和婚姻也是非常重要的。

（3）不要"谈性色变"，如果是正常的性教育，那么自己要有一个正确的态度，要抱着一颗获取知识的心态，落落大方的面对。如果自己心中遇到有关性爱的问题无法自我解答时，要记得向家长或者老师求助，毕竟他们是成年人，能够用正确的方式对你进行疏导。

## 女孩儿，自尊自爱是第一位

小倩在上网时无意中浏览到一条新闻，这条新闻的大体内容是讲一名刚上高一的女孩在一次偶然的机会中结识了一名社会上的男青年。这个男青年很英俊，比女孩大7岁，但是还没有找到稳定的工作，然而两人在经过了一段时间的相处后产生了恋情。女孩的学习成绩开始下降，精力根本无法集中在学习上。女孩在瞒着父母和男青年恋爱了一段时间便后发生了性关系，不久后她又发现自己怀孕了，惊慌之余女孩在男青年的劝说下做了人工流产。然而祸不单行，男青年之后再也没有出现过，手机号也都变成了空号。这件事情被父母知道后对女孩大加责骂，女孩的精神接近崩溃。在心理医生对她进行了长达3年的治疗后才恢复正常。小倩今年也刚刚上高一，正处于青春期的她对什么事都充满了好奇，她拿着这条新闻去和自己的父母讨论。

爸妈送给小倩的话：

新闻中的这个女孩是很可悲的，她本来是可以避免自己受到伤害的，但是她没能把握住自己，作为一个女孩子是要自重自爱的。通过阅读一些文章和接触一些影视作品，你也许会感受到像美国那样的西方国家对于性会很开放，不怎么回避，所以给人们一种中国人的处女情结是封建束缚的感觉，其实这都是错误的想法。

影视作品给你的印象并不是完全的，也就是说你通过影视作品认识的西方社会并不是真的那么不在乎贞操，恰恰相反。西方发达国家，例如美国，真正上层社会，有教养的人，都相当传统，家庭观念很重，对贞操也同样重视。性解放潮流兴起于"二战"以后，虽然是人的一种解放，但是社会上的很多问题都是和性解放密切相关的，例如夫妻关系紧张、家庭失和、子女教育失败等，问题家庭的问题孩子长大以后，人格又不健全，进一步造成各种社会问题。所以，和青春期的女孩子讲自爱，不是束缚她们，而是为了保护她们。

因此女孩子要知道怎么爱护自己，要树立正确的人生观，要能够做到为自己的长远发展着想，而不能因为图一时的快乐或者被诱惑就放弃了自己的原则。

你需要了解的知识点：

（1）青春期的自己会感到莫名的烦躁，觉得生活没有乐趣，父母很聒噪。虽然这些心理都是可以被理解的，但又是需要不断被纠正的。因为，自己要学会换位思考，要能够做到自省，这对一个人的健康成长是很有必要的。

（2）不知不觉中你会发现自己越来越喜欢打扮了，希望能够引起别人的注意，尤其是异性同学，并想让自己在他们面前表现得很好，自己还常常为此感到害羞。其实，这都是没有必要的。和异性相处要落落大方，但是要时刻告诫自己不能失去自己的原则，要时刻注意自爱。

（3）切记不要疏远自己的父母，尤其是感情上，要时刻保持亲密状态，因为这会使你大大减少误入歧途的概率。处在青春期的女孩很容易感情用事，不知道如何控制自己的情绪，很多情况下会导致和父母关系的紧张。在这一点上，一定要注意维护好自己和父母的关系。

# 第三篇

## 成长烦恼：青春期总是伴随这些烦恼

# 第 9 章

## 热爱家庭，沟通是解决家庭烦恼的唯一密钥

对于处于青春期的孩子们来说，跟家长畅通地沟通似乎觉得非常艰难，同时也感觉到非常的痛苦，甚至不敢回家，害怕见到自己的爸爸妈妈。于是最亲近的人成了最害怕和想要逃避的人。为什么会出现这种状况呢？究竟如何解决父母和孩子之间的这个问题呢？在这一章，我们做了详细的介绍，如果你和父母正在闹别扭，正在为他们的不理解而痛苦时，不妨认真地看一看，或许对你有很大的帮助。

## 现在和父母沟通，真是越来越难了

青春期女孩子的困惑：我没有办法和父母沟通怎么办？

"妈妈，这个周末我约了好朋友一起去踏青，你说我穿哪件衣服比较好啊？"周末的晚上，小慧这样问道。听到小慧的话，妈妈惊讶地说："什么，你们要去踏青？踏什么青啊？""哎呀，妈，你真老土，连踏青都不知道。就是春天来了，我们一起去郊外感受一下。"

"什么？还要去郊区？你们可真够没劲的，不就是看看绿色吗？还整出个'踏青'来。要想看绿色，去公园啊，那里有花有草的。干嘛非要跑到郊区去啊？我可告诉你啊，不准去。几个小姑娘，骑着自行车，跑几公里外的郊区去，多危险啊。"妈妈摆出一副工会主席的样子，传达了指令。听到这话，小慧急了，她说："我们出去，不仅仅是为了看看绿色，更主要的是挑战自己，磨炼自己的意志。"妈妈白了一眼说："闲的没事做了？几个人骑着自行车遛膘去？"

小慧气呼呼地说："哎呀，妈，你怎么就不明白呢，你们当年也是这样一步一步长大的，我们也需要成长，你怎么就不理解我啊！"妈妈针锋相对地说："我没有让你不成长啊，相反尽做长肉的食物给你吃，让你快快地长大，你怎么说我不让你成长呢？"小慧无奈地说："你以为成长就是长个头、长身体啊？"没等小慧把话说完，妈妈抢过话头说："那么，你告诉我，你想要的成长是想长啥？"小慧急得都快哭了，她气愤地说："简直跟你没有办法沟通！"

爸妈送给小慧的话：

在这里，爸爸妈妈要跟你聊一聊和家长无法沟通的问题。对于很多处于青春期的孩子们来说，跟家长没法沟通是个非常痛苦的事情，觉得大人们不理解自己。事实上，爸爸妈妈的想法和观点与你不相同是再正常不过的事情，因为大人生活的年代和经历的事情,对于你来说,一样没有办法理解。所以,你为什么又苛求父母必须得理解你呢?但是,爸爸妈妈是爱孩子们的,基于这个基础,作为孩子,要想尽一切办法和父母进行交流和沟通。

你需要了解的知识点:

很多孩子们和父母沟通的时候,动不动就会发生争吵,这让父母觉得孩子越来越不听话,让孩子觉得父母简直是不可理喻。那么,究竟如何跟父母进行良性的沟通和交流呢?如何才能让父母认可你、支持你呢?这是困扰着很多孩子们的难题。在这里,爸爸妈妈和孩子们一起来讨论这个问题。

1. 不要抱怨父母

由于父母和孩子们所经历的生活年代不同,对生活中的一些事物有认识的分歧是正常的。对于孩子们来说,其认识可能要前卫一些,可是对于父母来说,其认识要保守一些,这样,很容易在交流的时候发生隔阂。这时候,作为儿女,千万不要抱怨你的父母,觉得他们太保守、没文化,这样会伤害父母的心。即使再有意见,也不要和父母争吵。

2. 学会理解他们

对于父母来说,他们所认为的一套价值体系就是正确的,与他们的认识不一样的就是错误的。可是随着社会的发展,认识出现了多元化。孩子们年轻,接受的是新鲜的观念。这一点,作为孩子,一定要明白。多站在父母的角度上去想问题,对他们的一些想法和做法打心眼里去理解和接受。这样一来,你和父母之间的隔阂便会越来越小了。

3. 转换表达方式

很多孩子在和父母进行沟通的时候,总是不断地强调自己是正确的,自己的想法是对的。可是对于父母来说,你就是太过叛逆,因此自然会对你严加管束。事实上,你并没有错。这就要求孩子们在表达的时候要换一种方式,从父母的角度出发,把你的想法说得温暖人心,这样,父母自然就没话可说了,理解你、支持你也是理所当然的事情了。

## 爸爸妈妈,请理解我

青春期女孩子的困惑:爸爸妈妈为什么不理解我呢?

"翘翘,刚才英语辅导班的老师打电话给我,说你已经好几周没有去补习了,这是怎么回事呢?"这天下午,王翘翘刚进家门,妈妈就叫住了她,问道。翘翘便随口编了个理由说:"学校有活动,没有时间啊。"妈妈一脸严肃地说:"学校里在搞什么活动。"没想到妈妈并不好糊弄,这一下,翘翘开始紧张起来,只好把谎言继续说下去,她说:"学校在举办运动会，我被选中参加了开幕式的排练。"

  妈妈没有再追问，正在翘翘暗自庆幸的时候，妈妈拨通了班主任的电话。几分钟之后，妈妈气急败坏地出现在了翘翘的面前，吼道："老师说根本就没有选中你，你为什么要说谎话骗我啊？"翘翘委屈地说："妈妈，我真的不想去补习了，我现在业余时间都被安排得满满的，没有时间休息和玩，我感觉特别的累。"

  妈妈说："你有什么可累的啊，我和你爸爸整天累死累活的，为的是什么，不就是希望你能好好学习，将来能有出息吗。给你花了钱，你怎么不知道珍惜的呢。"翘翘哭着说："妈妈，我知道你和爸爸很辛苦，可是我真的不想去补习了，我想把更多的精力投入到学习中去啊。"妈妈说："你的同学们都在补习加班呢，你不补习，就会掉队的。"翘翘说："妈妈，我真的不想去，求求你了，你就不要再逼着我去了吧，行吗？""不行，这事没得商量，明天晚上你乖乖地去给我补课。"

  **爸妈送给翘翘的话：**

  在这里爸爸妈妈要跟翘翘聊一聊不被父母理解的问题。事实上，很多时候父母总是把很多的爱倾泻在孩子的身上，但是有些时候却不是孩子想要的，这样就会让孩子觉得非常的痛苦，觉得爸爸妈妈不理解自己。事实上，爸爸妈妈是爱孩子们的，怎么可能不考虑孩子们的感受呢？关键在于作为孩子们是否会跟父母交流和沟通。在这方面，孩子们要多下点功夫。

你需要了解的知识点：

很多孩子总觉得爸爸妈妈不理解自己，总是用自己的想法来代替父母的想法。把所有的责任都归结在父母的身上。事实上，关键在于你是否会和父母沟通、交流。那么，孩子们究竟如何才能让父母理解自己呢？在这里，爸爸妈妈要跟孩子们一起探讨和沟通。

1. 要懂得及时向父母撒撒娇

很多时候，当孩子们觉得父母没有办法理解自己而被迫顺从的时候，作为孩子不妨利用父母疼爱你的心理，适当地在父母面前撒撒娇。很多时候，动之以情、晓之以理不能让父母支持你，可是你撒撒娇却能起到一定的效果。作为女孩子，在和父母之间的博弈中，要应用好撒娇的本事，适当的时候达到获取父母支持的目的。

2. 用真情表达你内心的想法

很多孩子往往觉得父母不理解他们，究其原因不是父母不通情达理，而是因为孩子总是不跟他们交心，总是跟他们闹情绪，跟他们对着干。如果孩子能坦诚地敞开心扉，用真情表达你内心的真实想法，我想，作为父母一定能理解你。因此，对于女孩子来说，要想让父母理解你，那么就要把心扉打开，给你的爸爸妈妈一个了解你的机会。

3. 用事实证明一次你是对的

如果你每次的想法都被爸爸妈妈给否定了。那么不妨找个机会，用事实向他们证明你是正确的，你并没有错。这样一来，爸爸妈妈便能理解你的用心良苦了。当然，你所做的事情必须是安全、正确的。否则，爸爸妈妈不但不会理解你、支持你，还有可能更加地埋怨你。

## 被父母偷看日记，很气愤

青春期女孩子的困惑：日记被父母偷看了怎么办？

"真是太奇怪了，为什么我昨天刚刚在日记里写了想吃牛肉饺子，今天妈妈就做了牛肉饺子给我吃呢？难道妈妈跟我有心灵感应吗？"这天晚上，思茵躺在床上胡思乱想着。"可是，这怎么可能呢？如果真是这样的话，为什么以前没有，现在有了呢？"想着想着，思茵慢慢地进入了梦乡。

第二天下午，思茵回到家里，拉开抽屉，准备取出日记本写日记。突然，她感觉到抽屉里好像被人动过。顿时，思茵明白了，不是她和妈妈之间有了心灵感应，而是妈妈在趁她上学的时候偷看了她的日记。

为了验证自己的猜测，思茵在当天的日记里写了，自己想要吃鸡肉，而且在写日记的当页，用毛线放了一个自己才看得懂的图案，只要一翻动日记本，图案就会乱。第三天放学后，思茵迅速地拿出笔记本一看，果然图案乱七八糟的不成形，而且厨房里传出来了扑鼻的大盘鸡的香味。

思茵没有找妈妈去理论，也没有像有些孩子那样给日记加锁，或者藏起来。而是依旧装作什么也没有发生。不过她在日记里写了很多这几天发生的事情，写了自己的猜测，但是她并没有写出自己得出的结论。其中她还表达了对偷看日记的鄙视和痛斥。从那以后，妈妈再也没有偷看过思茵的日记。

爸妈送给思茵的话：

在这里，爸爸妈妈要跟思茵谈一谈日记被父母偷看之后该怎么办？事实上，任何人都有自己的隐私，都不希望别人偷窥，尤其是女孩子，更是无法忍受，哪怕是自己的父母看了也不行。可是父母毕竟是长辈，当你发现他们在偷看你的日记的时候，千万不要和他们争吵，因为他们只是想多了解你，只不过用错了方法。如何把你的不满巧妙地传达给父母，是孩子们需要思考的问题。

你需要了解的知识点：

父母偷看孩子们的日记是不恰当的，有的孩子却因此跟父母产生隔阂和矛盾，甚至敌视和对抗父母，让父母和孩子之间的鸿沟更深。这让做父母的很心寒。那么，遇到这种情况，作为孩子，究竟怎样做才能既表达你的不满，又不至于伤害父母的情感呢？在这里，爸爸妈妈要跟孩子们一起来聊聊这个话题。

1. 在日记中表达对父母的不满

有些孩子得知父母看了自己的日记后，便跟父母闹情绪，让父母心寒。事实上，父母这么做完全是为了更好地了解儿女。作为儿女，这时候不妨在日记中多表达对偷窥日记行为的斥责，但是不要明说已经知道了。这样，在父母和子女之间既没有形成对抗的情绪，也能巧妙地批评了父母，又维护了他们的脸面，可谓是两全其美。当然，父母在偷看的时候自然就看得到了。

2. 坦诚地跟父母谈一谈你的想法

当你发现你的爸爸妈妈在偷看你的日记之后，不妨主动坦诚地找他们谈一谈。或许他们为了面子不会承认，或许他们会抵赖。因为他们觉得自己做错了，会惹你不高兴。这时候，你不妨委婉地告诉他们。但要记得说话的时候不要带情绪，表达得真诚一些，这样父母以后想了解你时会直接跟你谈，而不是偷偷摸摸地看日记了。

3. 努力跟父母进行良好的沟通

父母之所以偷看你的日记，无非是想知道你内心之中的真实想法。那么，作为孩子，如果要想让父母不再偷窥你的日记,那么不妨在平日里多和他们进行沟通和交流,让你们之间能够互相了解。这样一来,把你的心思全告诉父母,父母也没有必要再偷看你的日记了。

## 其实我也想分担些家务

青春期女孩子的困惑:为何我就不能多做一些家务?

"柳丝,快起床,都七点半了,在我走之前得把屋子打扫干净。"妈妈一边收拾屋子,一边招呼着柳丝起床。柳丝伸了个懒腰,望着匆忙的妈妈说:"妈,你上班去吧,我来收拾吧。"妈妈望了一眼,不屑地说:"我看还是算了吧,你从来没有收拾过屋子,收拾起来我不放心。"柳丝不高兴地说:"妈,你别看不起人,我也是大姑娘了,会收拾屋子了。"

妈妈一边干活,一边说:"知道自己是大姑娘了,就该懂点事,在学习上多用点心思,你学习学好了,将来考上好的大学,我和你爸就算多吃点儿苦也值了。你要是不专心读书,我们的心血可就白费了。"柳丝一听妈妈又开始对她进行政治教育了,急忙说:"哎呀,妈,我知道了,我只是想帮助你做家务,你看看你又扯到哪里去了。"

这天下午,妈妈从单位匆匆忙忙地赶回来做饭,一进门,她被眼前的景象惊呆了，原来饭已经做好了，并端到了桌子上，柳丝正在忙着打汤呢。看到妈妈来了，柳丝笑嘻嘻地说："妈妈，我把饭菜已经做好了，你过来尝尝，我的手艺怎么样？"妈妈拉下了脸，瞪着柳丝说："作业做完了没有？今天去补习功课了吗？"柳丝仍笑嘻嘻地说："作业晚上再做，这周的科目我学校里已经学了，没去补习。"

妈妈气呼呼地说："那你这一天在家里干了什么？瞎玩了一天。"柳丝见妈妈的脸色很难看，于是说："没有啊，妈妈，我今天学会做饭了，而且非常的丰盛。"妈妈气愤地说："不吃！以后你给我记住了，家务不用你做，你的任务就是给我好好学习。"

爸妈送给柳丝的话：

在这里爸爸妈妈要跟柳丝谈一谈做家务的事。对于每一个父母来说，宁可自己苦一些累一些，也不会因为做家务而让孩子们的学业受到影响。父母的想法是在表达一种爱，可是却让孩子感受到非常压抑，有了负罪感。

作为孩子，要明白父母的一片良苦用心，不要因此而对父母产生误会，甚至对抗的情绪。这样受伤害的不仅仅是你，还有你的父母。

你需要了解的知识点：

对于孩子们来说，想做点家务，减轻父母的压力是值得肯定的，但是，作为父母，他们在孩子们身上给予了更高的期望。他们担心孩子们做家务会花费时间，影响他们的学习。那么作为孩子，如何能让父母明白你的一番苦心呢？在这里，爸爸妈妈要跟孩子们一起来探讨和研究这个话题。

1. 让父母知道你很理解他们

孩子们随着年龄的增大，开始考虑问题了，也能明白父母倾注在他们身上的爱。正是因为如此，孩子们才想着多做点家务。可是对于父母来说，可能觉得是孩子不听话，没有把注意力放对地方。因而，孩子们要让父母明白，你做家务完全是为了减轻父母的负担，也是一种爱的表达，这一点做父母的没有权利阻止，否则孩子们也不会接受他们的爱。

2. 证明做家务并不影响学习

父母之所以不允许孩子们做家务，主要是因为他们担心做家务会花费时间，会对孩子的学习造成一定的影响。作为孩子，如果能让父母明白，做点家务并不影响到学习，那么父母便没有理由再拒绝孩子做家务了。作为学生，学习是第一要务，只有抓紧时间，提高学习效率，才能有抽出空闲时间来做点家务。

3. 告诉父母你有做家务的责任

在父母的眼里，孩子永远都是小孩，都需要被人照顾。事实上，孩子们已经长大了，同样，他们也有做家务的责任，这一点，在很多父母的眼里并没有意识到。所以，他们不会轻易让孩子们做家务。作为孩子，你要让你的爸爸妈妈明白你是这个家里的一员，做家务是你的责任。这样，父母也会给予你应该有的尊重和地位。

## 他们太忙了，我们根本没时间沟通

青春期女孩子的困惑：父母很忙，我与他们没有共同语言怎么办？

"丽丽，今天是你的生日，爸爸给你买了生日礼物，喜不喜欢啊？"深夜十二点，已经进入梦乡的丽丽突然被摇醒了，她睁开双眼，朦胧地看到了一个中年男人坐在她的身边，俯着身子在看她。他就是丽丽的爸爸。丽丽礼貌地说了声："谢谢。"便转过身去继续睡觉了。

丽丽的冷淡让爸爸多少有些尴尬，他接着说："今天本来是早点赶回来给你过生日的，可是就在我准备回来的时候，接到了一个客户的电话。对不起啊，丽丽。"丽丽没有作答，只传来轻微的打鼾声。爸爸无奈地走出了丽丽的房间，一个人坐在沙发上，心里异常的酸楚。

第二天是周末，爸爸请了假没有去上班，妈妈也刚好出差回来了。于是一家人聚到了一起。可是当他们忙里忙外地准备了一桌子丰盛的饭菜之后,丽丽却告诉他们,今天她要去乡下找姥姥姥爷。爸爸说:"丽丽,我们一家人好不容易聚到了一起,你今天就别去了吧,和爸爸妈妈一起好好聊聊。"妈妈也随声附和说:"是啊,丽丽,我们好长时间没有一起聊天了,你就陪爸爸妈妈好好说说话吧。"

丽丽点了点头坐在了一边,面无表情地说:"聊什么啊?说吧,我听着呢。"爸爸说:"爸爸妈妈工作都很忙,平日里对你也照顾不周,你不要生气啊!"丽丽依旧没有表情,她冷漠地望着爸爸,嘴里挤出了两个字"不会。"她依旧冷冷地望着爸爸,爸爸不知道再说什么才好。妈妈此时也感觉到很尴尬,急忙问:"最近学习怎么样啊?"丽丽说:"就那样。"妈妈也没了话,坐了一会儿,丽丽说:"说完了吗?没说的我走了。"说完径直向门口走去。爸爸急忙追出来说:"丽丽,你看你妈妈给你做了这么丰盛的一桌子饭菜,你吃完了再去吧。"丽丽快步行走,没有回头。

**爸妈送给丽丽的话:**

在这里爸爸妈妈要跟丽丽聊一聊彼此之间没有共同语言的问题。很多时候,彼此之间相处的时间久了,话也就多了,同样,爸爸妈妈工作忙,没时间和孩子们相处,造成了彼此之间的陌生感。即使想沟通、想交流,也因为彼此的不了解,而无话可说，没有共同语言。作为青春期孩子，要想和爸爸妈妈有共同的话题可聊，那么就要和父母产生情感的联系，这样才能为彼此交流奠定好的基础。

你需要了解的知识点：

由于爸爸妈妈整天忙于工作，和孩子相处的时间较少，对孩子的关怀和照顾也少，这样孩子缺乏父母的爱，对父母有了成见和想法，而拒绝和父母交流。长此以往就造成了很多孩子和父母之间的隔阂。那么，究竟如何才能让父母跟孩子之间产生共同的话题，而消除误会和隔阂呢？在这里，爸爸妈妈和孩子们一起来探讨和解决这个问题。

1. 多对父母表达你的心情

父母平日里工作忙，对孩子的关心和照顾少，势必造成了父母和孩子之间的隔阂。但是一个巴掌拍不响，不能把所有的责任都推到父母的身上。作为孩子，父母整天累死累活地忙碌，你不妨多去关心他们，这样同样可以营建起与他们之间的情感。父母觉得你很懂事，也会时时记着你，尽可能地给你关爱。如果你不表达，父母工作一忙，也会忘了你，时间久了，双方就有了陌生感。

2. 把你的故事讲给他们听

尽管父母工作很忙，但是作为儿女，当你们兴致勃勃地给他们讲你身边的很多故事的时候，爸爸妈妈还是乐意去倾听的，为你的开心而高兴，为你的伤心而难过。这样，尽管彼此之间很少在一起，但是一样能建立起亲密的感情。如果你不说，爸爸妈妈也顾不上把工作上的事情讲给你听，彼此之间的情感沟通便断了线。

3. 重要节日要记得打电话

一般情况下，一些重要节日，是亲密情感的人之间相互表达想念的时间。有时候父母会因为工作忙给忘记了。但是作为孩子，如果没有接到父母的电话，不妨主动拨给他们，告诉他们你很想念他们，这样会让父母分外感动，彼此之间的情感也就会慢慢地建立起来。如果你把这个责任推给父母，他们却因为工作忙给忘记了，那么彼此的情感建设便割裂了。

# 第10章

## 融入校园，快乐的学生都受他人欢迎

对于孩子们来说，大多数的时间要在学校里度过。可是学校生活有学校生活的烦恼。同学们之间的远近冷疏，老师的误会和伤害，往往让处于青春期的孩子们觉得烦恼和痛苦，让他们不能把注意力集中到学习中去。那么，产生这些问题的原因在哪里？究竟有没有好的办法来解决这些问题呢？在这一章，我们站在父母的角度，对孩子们做了一些引导和建议，想必对于正处于烦恼中的孩子们有一定的帮助。

## "坏孩子"总是骚扰我，怎么办

青春期女孩子的困惑："坏孩子"总来骚扰我，让我很烦恼？

数学课上，娟娟正在聚精会神地听课，突然她感觉到屁股上被人踢了一脚，她狠狠地用身子把后面的桌子碰了一下，示意对方不要再打扰她。可是紧接着对方又狠狠地踢了一下，这让她非常生气，她想发作，可是讲台上老师在认真地讲课，她又不得不忍忍，于是她又狠狠地碰了一下后面的桌子，当然后面的同学又踢了她一脚。

娟娟内心非常的气愤，整节课什么也没有听进去。下课之后，她对后面的高个子男生说："上课的时候，你干啥老踢我啊？"男生坏笑着说："那你干啥老用后背碰我的桌子啊？"娟娟气呼呼地说："你先踢我，然后我才碰你的桌子的。"男生蛮不讲理地说："你要是不碰我的桌子，我干嘛踢你啊！"听到这里，娟娟知道这时候说也说不清楚，所以转身坐到了座位上。男生不依不饶地说："怎么了，理屈了吧，你咋不说了啊？"娟娟气愤地说："你有完没完？"男生见娟娟真的生气了，便没趣地离开了。

下午，娟娟走进了车棚，推着自行车走出了校门。很快她就发现，车胎里没有一点气。她心想，"自行车最近几天都没出过问题，今天怎么突然没气了呢！"正在她感到疑惑的时候，后座的高个子男生坏笑着走了过来，她说："怎么了，美女，好像自行车坏了吧。"这时候，娟娟才突然明白过来，原来是这个男生动了手脚，她气呼呼地说："你这人怎么这么卑鄙呢，我招你惹你了？"男生笑嘻嘻地说："当然没有了，难道你不明白吗？是我在招惹你。"连续几天，高个子男生总是给娟娟找麻烦，这让娟娟痛苦不已。

**爸妈送给娟娟的话：**

在这里，爸爸妈妈要跟娟娟聊一聊面对坏孩子的骚扰的问题。在学校里，总有很多调皮捣蛋的男生，常常欺负女同学，给她们的生活带来了很多不便。由于女同学胆子小，又是弱者，所以只能忍气吞声。作为女孩子，当你遇到这种事情的时候，不要一味地忍让，要想办法让坏孩子远离你，不敢来骚扰你。

**你需要了解的知识点：**

"坏孩子"骚扰女同学的事情在学校里时有发生，但是为什么有的女孩子能巧妙地处理好，而有的女孩子却深陷烦恼的深渊呢？在这里，爸爸妈妈要和孩子们一起来讨论和研究相应的应对方法。

1. 强烈地表达你的愤怒和不满

人与人相处交往，往往会拿捏对方的性格和脾气，当别人觉得你好欺负的时候，就会想方设法给你难堪。同样，同学之间也是如此，很多坏学生往往欺负一些胆小的女孩子。要想不被坏学生骚扰，那么作为女孩子就要敢于强烈地表达你的愤怒和不满，让对方感觉到你很不高兴，非常愤怒，这样对方便不敢再骚扰你了。

2. 不要跟他们随便地乱开玩笑

对于很多"坏孩子"的骚扰，一些女学生觉得和他们硬碰硬不会有好果子吃，于是想要和他们搞好关系来避免他们的骚扰。所以会和他们开玩笑，以缓和对抗的气氛。可实际上，效果恰恰相反。"坏孩子"见女孩子并没有生气，便会变本加厉地欺负你，因为他们料定你是忍耐到底了，你害怕他们。这样一来，实际上并没有办法解决被骚扰的问题。

3. 要拿出和他们拼命的姿势来

很多女孩子往往胆子比较小，被"坏孩子"骚扰后，表达了愤怒也起不了作用，没有阻止住他们没完没了的骚扰。对于"坏孩子"们来说，他们欺负女同学无非是满足欺负弱者的心理，这时候你不妨拿出一副要和他们拼命的姿态来，当女孩子要跟他们拼命的时候，他们内心就会发怵。很多泼辣的女孩子往往让"坏学生"害怕。

## 旁边的同学总是找我说话，让我很困扰

青春期女孩子的困惑：旁边的同学总是和我说话，很烦人。

"明丽，你说这个题我为什么会做错呢？我计算也没有错误啊，为什么最后的结果却和你们的不一样呢？"数学课上，老师正在认真地讲课，同学们都在聚精会神地听课。偏偏明丽的同桌小海一个劲地没完没了地和她说话。明丽悄悄地

说：“你先听课，课后咱们再讨论嘛。”"可是我根本听不进去啊，满脑子都是这个题。你给我说说呗。"小海说。明丽很生气，因为小海打扰了她听课，于是她头也没低，说：“我没有时间，我正在听课。"小海接着说：“老师这会儿没有在讲课，你给我说说呗。”

这节课，老师讲的内容明丽啥也没听懂，满脑子都是小海不停的说话声，这让她非常生气。下课后，明丽转身对小海说：“你干吗说个没完没了啊？有啥事这么重要，不能下课后我们再讨论啊。"小海笑嘻嘻地说：“我就是想知道那个题的正确做法啊。"明丽吼道：“你知道不知道，你这样会影响我听课，你自己不听课也就罢了，为什么要影响我呢，你是不是太自私了啊！"

见明丽生气了，小海无辜地说：“怎么了？我就是向你问个题，干吗发这么大的脾气啊！"明丽说：“你问问题要分时候，在老师讲课的时候问，你知道不知道你今天叨叨个没完没了，害得我一节课什么也没有听进去，真是岂有此理。"小海没有再争辩。

爸妈送给明丽的话：

在这里，爸爸妈妈要给明丽聊一聊学习当中，旁边的同学总是说话的问题。同学们在一起学习，难免会互相影响，尤其是在听课和做作业的时候，需要安静，可是总有那么些人，絮絮叨叨，说个没完没了，着实让人生气。这时候，你就要想办法阻止他们，以免让他们影响到你，给你的学习带来一定的负面影响。

**你需要了解的知识点：**

在学习和听讲的过程中，有人说话影响你的注意力，往往让你非常的恼火。但是你又不方便当场发作，那么，究竟如何才能让对方闭嘴，安静下来？在这里，爸爸妈妈要和孩子们一起来讨论这个问题。

1. 把你的不满情绪传达给对方

在人与人的交往过程中，如果一方感觉到自己的言行惹别人不高兴了，就应有所收敛。在听课和做作业的时候，旁边的同学没完没了地说话，严重地影响了你的注意力，这时候，你不妨转过头去，认真地盯着对方的眼睛看，或者把自己的耳朵捂起来。这样，别人知道自己话多了，惹你厌恶了，觉得影响了你了，便会不好意思再说下去。当然，情绪表达一定要到位、准确。

2. 及时保持沉默让对方闭上嘴

交谈是需要双方才能进行的。你周围的同学没完没了地和你说话，影响了你的注意力，那么如果你要想让对方闭嘴，你首先要闭嘴，不要再搭理她。这样，对方见你不予理睬，知道你没有兴趣说下去了，自然不好意思再絮絮叨叨地说话了。无疑，你的耳朵就安静了很多，事实上你也才能集中注意力去学习了。否则，你回应对方，会让对方觉得你有兴趣和他聊下去。

3. 把你的要求变成恳求说出去

当对方没有注意到你的情绪变化，而继续说话时，如果你要求对方停下，势必会让别人不高兴，觉得你没有资格要求他。那么不妨把你的要求说成是恳求，让对方不好意思而闭上嘴。当然说话的时候，要显得客气一些，不要把你的愤怒情绪表现出来，以免对方拒绝后和你对抗。当你的内心被激烈的情绪控制的时候，你的心情根本静不下来，更别说要安心地学习了。因此，这一点一定要注意。

## 我讨厌那些在背后说我坏话的同学

青春期女孩子的困惑：同学在背后说我的坏话，我该怎么办？

"真不要脸，一个女孩子怎么能干这么恶心的事情呢。"

"是啊，没看出来，平日里看起来规规矩矩、本本分分的，谁知道她竟然是这么一个人。""你们说的是谁啊？""还能有谁，可不就是我们的严大班长吗！"这天下午，严郁早早地来到了学校里，就在她准备推开教室门的一刹那，听到了好几位女同学在说她的坏话。

她推开门走了进去，几个女同学迅速地回到了各自的座位上。严郁回到座位上后，心理在嘀咕，究竟他们说的是什么事情啊。突然，她脑子里一闪，想起了前几天发生的一件事情。那天放学后，在她回家的路上碰上了体育委员邓军，两人平日里关系就不错，再加上顺道，于是她就坐在了邓军的自行车上，让他带着自己。后来，也不知道被哪个多嘴的传出了谣言，为此，邓军的女朋友和他分了手。

刚才，她们说我不要脸，可能误会我插足在邓军和他的女朋友之间了。想到这里，严郁大声地说："我和邓军只是好朋友而已，没有你们说的那么多的事情。以后不要再嚼舌头了。"说完，她走出了教室。这时，刚好碰见邓军，她对邓军说："邓军，你给大家解释解释，你和你对象分手不关我的事情，现在大家都在往我身上泼脏水呢。"邓军认真地看了一眼严郁，什么话也没有说，走进了教室。

对于邓军的态度，严郁多少有点生气。于是她又去隔壁班找到了邓军的女朋友，做了很多的解释。女孩生气地说："你有病吧。"说完，转身走了，没再理会严郁。不久之后，严郁成了同学们中间的笑料。

**爸妈送给严郁的话：**

在这里，爸爸妈妈要跟严郁聊一聊被人中伤后的处理和应对的问题。事实上，很多时候，人难免会被别人误会和中伤，这是不可避免的。你没有办法去堵住每个人的嘴,自然也没有必要去向无关紧要的人做过多的解释,否则你的解释犹如画蛇添足,从侧面印证了别人的话,而让自己陷入更加郁闷和痛苦之中。作为女孩子,这时候一定要镇定自如,专心做自己的事情,流言自然会不攻自破。

你需要了解的知识点:

谁背后没人说。在和同学们的交往当中,总有一些人捕风捉影,拿自己的标准来评判你,因而,被人说坏话的事情时有发生。那么,当你听到同学们在说你的坏话的时候,你该如何去应对和处理呢?在这里,爸爸妈妈跟孩子们一起来探讨这个话题。

1. 以静制动当做什么事情也没有发生。

很多孩子在听到别人在背后说自己的坏话时,便跳出来用言语攻击对方,或者是费很大的劲证明自己并非别人所传的那样。事实上,完全没有这个必要,你不可能向每个同学都证明自己。对于女孩子来说,这时候要做的就是以静制动,当做什么事情也没有发生过,集中注意力做你该做的事情。这样一来,流言自然就不攻自破了。

2. 不要去向任何人做过多的解释说明。

有些时候,当同学们在背后说你的坏话,不要去向任何人做过多的解释和说明,他们误会你,那是他们需要解决的问题,而你不要去做任何的努力,你越想解释,同学们越觉得你身上有问题。正所谓"过多的解释就是狡辩",说的就是这个道理。如果你不做任何说明,所有的谣言和坏话都会悄悄消失。

3.淡然应对误会和因此产生的小情绪。

当你的坏话传到更多的人的耳朵中的时候,一些不了解真相的人往往会因为你被人讹传的一些行为而对你产生厌恶和敌视的情绪。这时候,作为女孩子不要去跟别人计较,况且,你也计较不清楚,不妨淡然应对。当他们了解了真相之后,必然会为自己曾经对你的情绪而感到懊恼和悔恨。

## 勤工俭学,会不会被人嘲笑

青春期女孩子的困惑:勤工俭学会不会被人瞧不起?

"东东,怎么是你在打扫卫生啊,不是现在教室的卫生有学校的杂务人员做吗?"这天下午,东东正在扫地的时候,她的好朋友杨娜走过说道。"是啊,现在是学校在打扫,我这不是想要勤工俭学吗,所以我把这个任务从学校里揽了下来。反正闲着也是闲着,赚点钱买资料啦。"东东笑着说道。杨娜认真地看着东东,惊讶地问:"东东,你爸爸妈妈那么能挣钱,不缺这点资料的钱啊?是不是家里发生事情了?"

听到杨娜这么说，东东有些不理解，她说："没有啊，你为什么要这么说啊？"杨娜不解地说："既然不缺钱，那你干嘛干这又脏又累的活，挣这么点钱呢？你爸爸妈妈每个月给你的零花钱都比这多，再说了，让同学们看到，多丢人啊。"东东不理解地说："为什么做勤工俭学就是很丢人的事情呢？"杨娜看着东东，笑着说："不是吧，你脑子没毛病啊，你以为这是件很光荣的事情吗？一般情况下，只有家里穷、上不起学的人才考虑做勤工俭学呢，你跟着凑什么热闹啊！"

东东一听急了，她说："我自己劳动赚钱，为什么反倒成了很丢人的事情，难道伸手问爸爸妈妈要钱花是很光荣的事情吗？"杨娜笑了笑，说道："那好，你自己做吧，我要回家了，免得被别人看到。"

晚上，东东向爸爸问道："爸，你说勤工俭学丢人吗？"爸爸一脸无辜地说："丢什么人啊？自己动手赚钱，有什么可丢人的啊。"东东说："是啊，我也这么认为，可是同学们为什么说我很丢人啊。他们都看不起我。"爸爸安慰说："你做得对，坚持做下去就行了，不管别人怎么想，那是别人的问题，与你无关。"东东看着爸爸，点了点头。

爸妈送给东东的话：

在这里，爸爸要跟东东聊一聊勤工俭学被同学们瞧不起的问题。尽管我们不断地强调，劳动光荣，可是在很多同学的眼里，勤工俭学就是在做一些别人不愿意做的工作来挣钱，然而之所以挣钱，是因为你没钱，所以很多同学才去做一些脏和累的活。所以很多同学看不起勤工俭学的孩子。但作为孩子，一定要纠正这种错误的认识，自己动手挣钱并不丢人，相反应该给予足够的肯定和赞许。

你需要了解的知识点：

很多孩子把勤工俭学当做一件丢人的事情，是因为他们总觉得勤工俭学是缺钱，而没有认识到是通过劳动来换取报酬。那么，如何让孩子懂得勤工俭学是光荣的，而不是丢人的呢？在这里，爸爸妈妈要和孩子们一起来探讨这个话题。

1. 勤工俭学是在创造些财富

很多孩子都觉得自己问爸爸妈妈要钱是理所当然的，觉得他们有责任给自己钱花。脑子里没有挣钱的意识。在他们的眼里，勤工俭学是穷孩子为了上学才做的事情，从来没有把勤工俭学当做是创造财富。事实上，尽管勤工俭学所做的活可能有些脏、有些累，可是却是用自己的劳动换取报酬，这难道不比伸手向别人要钱光荣吗？

2. 勤工俭学并不是说没有钱

在孩子们眼里，勤工俭学是缺钱了。事实上，并非如此，在一些家境很好的家庭里，家长非常支持，甚至还要求孩子去勤工俭学。从小培养他们自力更生的能力，这些孩子们长大后往往都很有作为。可见，勤工俭学并不是说没有钱，而是一种通过自己的劳动来获取财富的途径，从而证明自己。

3. 勤工俭学是一种社会实践

往往我们在说学生们的时候，之所以说他们是生活在象牙塔，是因为他们对社会上的人或者事根本不了解，甚至没有机会去了解。事实上，勤工俭学就是一个很好的参加社会实践的机会。通过勤工俭学让孩子们懂得赚钱的艰辛和生存的艰难。更主要的是让他们真真实实地参加社会劳动，而不再是被社会所供养的人。

## 被人嘲笑，心里好难受

青春期女孩子的困惑：有些同学总是在嘲笑我，怎么办啊？

"你瞧瞧宋佳那个新发型，像不像马尾巴啊？""你还别说，还真像，尤其像生了驹子的母马的尾巴。"这天中午，宋佳刚走进教室，后排的几个男生便开始嘲笑起她来了，她迅速地走到了自己的座位上，没有理会他们。但是几个男生看她不言语，于是便变本加厉地羞辱她。宋佳本想着和他们好好理论一番，但是仔细一想，这几个男生是班里出了名的捣蛋鬼，跟他们置气，自己也占不到一点儿便宜。

就在这个时候,上课的铃声响了。英语老师走上了讲台。按照惯例,每节英语课上,老师都要抽查单词。也不知道是怎么地,今天,她点了宋佳的名字,让她到黑板上去听写单词。本来宋佳把之前学过的单词背得滚瓜烂熟,可是怕自己写不好,会再次被别人笑话,所以略微显得有点紧张。结果10个单词,她愣是写错了两个。当老师纠正出来之后,宋佳不好意思地低下了头,这时,后面的几个男生便又哈哈大笑了起来。

有人还吆喝到:"真丢人,马尾巴,你快下来吧,别站在台上丢人现眼了。"尽管声音不大,但是站在讲台上的宋佳听得清清楚楚。她羞得满脸通红,脑子里一片空白,老师说的什么她根本没听进去。结果,老师让她回到座位上去,而宋佳却一动不动地站在台上,同学们一阵哄堂大笑,后面那几个调皮捣蛋的男生更加起哄。

这天,宋佳好不容易等到放学,她背起书包,急忙向家里跑去。回家后一头扎在被窝里哭了起来。当天晚上,她去理发店把自己花了好几百块钱精心做的头发给剪掉了。当爸爸问她是怎么回事的时候,她撇着嘴说:"我们班的同学笑话我呢,说我的头发像马尾巴。"

**爸妈送给宋佳的的话:**

在这里,爸爸妈妈要跟宋佳谈一下被同学们嘲笑的问题。事实上,在学校里,并不是每一个人都对你那么的友善,等着看你笑话的大有人在。当你失败的时候嘲笑你,当你表现优秀的时候给你泼凉水。但是,作为女孩子,千万不要因为他们的嘲笑而感到自卑,如果你坚信自己是优秀的,那么他们的嘲笑对你来说便没有了任何作用,相反还会激励你,让你有勇气面对自己。

你需要了解的知识点:

事实上,嘴长在别人的身上,我们不能要求对方说什么,不说什么。同样,对方嘲笑你、讽刺你,事实上也不是你能左右的事情,那么,面对同学们的嘲笑,究竟该如何去应对和处理呢?在这里,爸爸妈妈跟孩子们一起来学习和讨论。

1. 让对方闭嘴的最好方法是感谢

很多时候,我们在遭到别人的嘲笑的时候,会感觉到脸红,会自卑。如果有同学在嘲笑你的时候,你转过身去,对着他们微笑,并且真诚地说声"谢谢",他们便不好意思再嘲笑你了。因为一般情况下,向别人表达感谢,是因为他们帮助了你,当别人嘲笑了你,你依然表达感谢,无形之中则让他们感觉到良心不安。

2. 置之不理也不失为一个好办法

在同学们中间,总有一些调皮捣蛋的坏孩子常常以取笑别人为乐。你越难受,他们越高兴。如果这时候,你表现得从容淡定,那么意味着他们的嘲笑没有起到相应的作用,那么他们便高兴不起来。事实上，这时候你已经战胜了他们。因此，作为女孩子，在遭到同学们的嘲笑后，不妨采取置之不理的办法。把他们扔来的泥巴反弹过去，砸在他们自己的身上。

3. 不妨严肃认真地盯着对方看

通常，当有人嘲笑你、讽刺你的时候，他们料定你会无地自容，会自卑地落荒而逃。而且他们的言语和行为多多少少带有点玩笑的成分。这时候，如果你转过身去，严肃地盯着他们的眼睛看，这样不但传达了你的愤怒，而且也会让对方意识到自己的错误，感到愧对于你。这样，无形之中，便堵住了那些嘲笑你的嘴。

# 第 11 章

# 同窗之谊，当你和同伴之间发生矛盾怎么办

友谊是个永恒的话题，在孩子们中间也不例外，但是在享受友谊带来的愉悦的同时，朋友之间的矛盾和隔阂也让孩子们陷入痛苦的泥潭。就如同任何事情都有两面性一样，友谊也是一枚银币，有快乐也有痛苦。那么，究竟如何化解朋友们之间的小矛盾呢？本章，我们对如何化解朋友间的矛盾和分歧做了一些相关的介绍和讲解，尽管不能保证把孩子们之间的隔阂和误会完全化解掉，但是相信在改善孩子们之间的关系上还是能起到一定的作用的。

## 真正的友谊有什么判断标准

青春期女孩子的困惑：我不知道什么才是友谊，谁才是我的益友？

"于洋，这次的班干部竞选你参加吗？"这天下午放学后，黄乐快步赶上来问道。

黄乐是于洋从小玩到大的朋友，她们从幼儿园的时候就

没有分开过，彼此之间也从来没有秘密。于洋认真地望着黄乐说："乐乐，说实话我还没有想好呢。""竞选呗，反正你有资格，为什么不竞选啊？"黄乐说。于洋想了想说："说实话，我也想竞选，可是如果我真的当上了班干部，事情就多了，弄不好会影响学习。你知道我的目标是考大学，而不是当这个班干部。"黄乐说："道理是这么个道理，可是当了班干部，也不一定影响学习，相反，也许很带劲。"于洋说："再说吧，我考虑考虑。"

最终，于洋决定竞选班干部。她的学习成绩和人缘关系都非常好，老师喜欢她，同学们也欣赏她。大家都以为她当选绝对没有问题，可是最终她却落选了，而她的好朋友黄乐却当选为班长。这着实让同学们大为不解。因为黄乐不管是学习，还是为人跟于洋都差很多。她怎么会当选呢？当天，黄乐还请于洋吃了饭，说是安慰于洋受伤的心，也是为了庆贺自己当选为班长。

不久后，于洋无意间听到同学们在议论，是黄乐说了她的很多坏话，说她根本没有心思去当班长，即使当了也做不好，说她曾多次表示放弃竞选，要把心思用在考大学上。最终老师听信了黄乐的话，这样才有了她落选、黄乐当选的结果。当这些话传入于洋耳中的时候，她根本不相信这是真的。但是黄乐在慢慢地远离她，确是事实。为此，于洋陷入了深深的苦恼之中，什么才算是真正的友谊呢？

**爸妈送给于洋的话：**

在这里，爸爸妈妈要跟于洋聊一聊友谊这个话题。事实上，在我们的人生路上会遇到很多的好朋友，他们会对我们的成长给予很大的帮助。但是，对于任何人我们不能对他抱有太高的奢望，即使是和你亲密无间的朋友，也有可能为了利益而背弃友谊。

对于青春期的女孩子来说，得到一个朋友会令我们欢欣鼓舞，但失去一个朋友也不要黯然神伤，只有这样你才能结交更多的好朋友，真朋友。

**你需要了解的知识点：**

友谊是我们人生路上不可缺少的依靠和帮助。有些人能交到真正的朋友，而有的人却屡屡碰到小人，那么究竟如何去选择朋友呢？在这里，爸爸妈妈要和孩子们一起来聊一聊这个话题。

1. 选择积极向上的人做朋友

俗话说："物以类聚，人以群分。"环境对人的影响极大，因而在选择朋友的时候，一定要选择一些积极向上的人。这样，在你遇到挫折和失败的时候会及时地得到他们的鼓励，在他们积极地带领下，你做事情也会信心大增，投入百倍的精力。对于女孩子来说，选择一个积极向上的朋友就是选择了一个良师益友。相反，如果你选择一些消极的人做朋友，经常会受到他们的嘲笑和打击，你还有信心继续努力下去吗？

2. 选择人品优良的人做朋友

通常，人品好的人恪守一些做人的基本准则，不会轻易地去伤害别人。

跟这样的人做朋友，你不用担心什么时候被出卖和欺骗，而且还可以从他们身上学习到很多优秀的东西。对于女孩子来说，交朋友的时候，要多观察对方的行为和言语，对对方的人品要有一个基本的衡量和把握。如果对方正直、善良，那么不妨付出真心；如果对方狡诈、奸邪，那么趁早远离他们，避免他们有朝一日加害于你。

3. 选择人缘好的人做朋友

一个人究竟值不值得你交往，还要看这个人周围的人际关系是否处理得和谐，是否有好的人缘。一般情况下，能与周围的人和睦相处的人往往有非常广的人缘，与这样的人做朋友，你会通过他结交更多的朋友，即使在你交往的过程中出现矛盾，也能很好地得到处理。相反，如果你与人缘差的人做朋友，很有可能因为一些小矛盾和你反目成仇，给你带来不必要的麻烦和伤害。对于女孩子来说，这一点也要引起你的足够重视。

## 我的好闺蜜，跟别人交朋友了

青春期女孩子的困惑：我的朋友跟别人好了，我该怎么办？

"小玉，晚上咱们一起去吃饭吧。""好啊，反正我晚上也没有什么事情。"下午放学后，爱伦刚要去招呼好朋友小玉一起回家的时候，突然听到有人在邀请小玉一起吃饭。她转身一看，原来是同班同学卿琴。可是，爱伦晚上要邀请小玉到自己家去玩呢。这时候，爱伦心里有一种说不出来的难受，便独自一人要离开。这时候，小玉看到了她，喊道："爱伦，等我一会儿啊。"

爱伦假装没有听见，径直往前面走去。小玉追上来说："爱伦，你怎么了啊。"爱伦停下来，狠狠地瞪了小玉一眼，说："别人对你好，你去和别人做朋友啊，还搭理我干什么啊！"小玉莫名其妙地说："怎么了啊？你这是抽哪门子的风呢？"爱伦没好气地说："你才抽风呢，我对你这么好，你为什么要背叛我啊，你还是不是我的好朋友啊。和你交往这么久了，我现在才知道，你是这么一个人。"说完，头也不回地走了，小玉站在原地，不知道该如何是好。

第二天，小玉找到了爱伦，说："爱伦，昨天究竟怎么了啊，你怎么对我说那些话啊！"爱伦冷漠地说："你自己用脑子想。"小玉说："你就说明白点么，我昨晚上想了整整一个晚上也没有想明白,我什么时候背叛你了啊?"爱伦冷冷地说:"卿琴不是邀请你吃饭吗,有了她,你还会要我这个朋友吗?"小玉笑着说:"你怎么这么小心眼呢,我们俩是好朋友,但是并不代表我和别人不能做朋友啊。"爱伦生气地说:"那你跟她做朋友好了,以后少来搭理我。"说完,没再搭理小玉。

**爸妈送给爱伦的话:**

在这里,爸爸妈妈要跟爱伦谈一下好朋友跟别人好了的话题。事实上,在同学们之间交朋友是件很正常的事情,你和别人是好朋友,并不能说明对方不能再和另外的人相处。友谊之间并没有排他性,更多的是共存。所以,对于女孩子来说,要把心放宽一些,要接受你的朋友去结交新朋友,并且有可能的话把对方的新朋友发展成自己的好朋友。

**你需要了解的知识点:**

有的人在人际交往当中朋友越来越多,而有的人却朋友越来越少,为什么会出现这种情况呢?究其原因,是因为前者把朋友的朋友发展成为了自己的朋友,而后者却阻止朋友和别人结交,结果伤害了朋友之间的感情。那么,当你的好朋友结交新的朋友的时候,究竟如何才能既保住老朋友,又能让对方的新朋友成为自己的新朋友呢?在这里,爸爸妈妈要跟孩子们一起来探讨这个话题。

1. 要关心朋友结交的新朋友

在你和好朋友一起相处的过程中,朋友很有可能会告诉你她结交了哪些新的朋友,跟你谈及她与新朋友之间的事情。这时候,往往会让一些心眼小的女孩子吃醋和嫉妒,事实上,根本没有这个必要,你的朋友多了人脉,意味着你也有可能跟着受益。如果你足够的聪明,不妨多关注朋友的新朋友,这样让你的朋友觉得,你对对方也很感兴趣,继而在和对方交往当中会带着你。时间久了,你和对方自然也就成了好朋友。

2. 积极加入他们之间的交往

在你的朋友和结交的新朋友交往的过程中,如果你的朋友不反对,你要积极加入他们的行列,对于你的朋友来说,能和两个好朋友一起交往,想必是一件两全其美的事情,对于你和对方结交的新朋友来说,又能多结交一个朋友,自然高兴了。但是,如果对方的朋友不喜欢你,那也暂时不要着急,慢慢让对方理解你、喜欢你。这样你就能结交到更多的朋友。

3. 打开心扉接受这个新朋友

同样,对于你朋友结交的新朋友来说,你是她通过朋友新认识的人。如果对方是个爱交朋友的人,对你自然也会一样有兴趣。这时候,作为你,要做的就是打开心扉接受这个新朋友,这样,你的老朋友会很高兴,他的新朋友一样很高兴,自然,对于你来说,也是一件值得高兴的事情。当然,打开心扉接受对方，需要你坦诚和守信，这是朋友相处的基本要求，因为对方对你还需要一个认识和了解的过程。

## 被朋友"出卖"，怎么办

青春期女孩子的困惑：关键时候，朋友出卖了我，怎么办？

一年一度的运动会正在如火如荼地进行着，播音控制室里却进行着一场小批斗。原来，担任裁判组的班级遭到了运动员的投诉，原因是在跑步比赛当中，有人拉着运动员跑，而担任裁判的同学却没有及时地制止。"问题究竟出在谁的身上？究竟是谁的责任呢？"裁判组组长正在询问。裁判组的同学你望望我，我望望你没有说话。这时候，裁判老师生气地说："负责监管跑步的就那么几个人，究竟是谁的责任，你们难道都不知道吗？"

同学们都抵着头不说话，事实上，问题就出在小英的身上。那时候她刚好接到了男朋友的电话，两人多说了几句，而恰恰就在这个时候，陪跑的同学拉着运动员的胳膊在跑。等小英看到的时候，运动员已经跑了过去，被前面的裁判员小英的好朋友彩霞给制止了。当老师问起的时候，小英本想站出来承认，可是转念一想，反正大家都不知道，而彩霞也不会出卖自己，于是就想蒙混过关。

这时候，老师接着说："是谁，赶紧站出来，犯了错误要勇敢地承认。要是被我查出来，可要受到严重地惩罚。"这时候，彩霞偷偷地看了小英一眼。就这么一个小小的动作，却被裁判老师看在了眼里。他问到："彩霞，你知道是谁，是吗？"彩霞紧张地说："我不知道。"老师走到小英面前说："小英，你觉得彩霞知道吗？"小英低着头，没有说话。"除了小英外，大家可以走了。"老师说完后，脸色铁青地站在了一边。同学们陆续地走了出去，于是小英被老师狠狠地批评了一顿，她心里恨死彩霞了。她不明白，彩霞为什么在关键的时候要出卖她呢？

爸妈送给彩霞的话：

在这里，爸爸妈妈要跟彩霞聊一聊被好朋友"出卖"的问题。事实上，在学校生活中，这种好朋友之间无意间"出卖"的问题常有发生。并不是你的朋友想要你难堪，也不是他们为了获得自己的利益，而是因为他们的关心恰恰让你鹤立鸡群，明显的好心办坏事。这时候，对于女孩子来说，千万不要憎恨你的朋友，或许他们心里比你还难受呢。这也是考验你们友谊的关键所在。

你需要了解的知识点：

如果你的朋友死心塌地地出卖了你，伤害了你，那么你要做的当然是和他们绝交，但是，如果你的朋友是关心你，无意中"出卖"了你，显然，和他们断交并不是明智之举。那么，你该如何处理你们之间的关系呢？在这里爸爸妈妈要跟孩子们一起来探讨这个话题。

1. 原谅朋友的"一不小心"

尽管你的朋友在不经意间"出卖"了你，但是他们是爱你的，关心你的，而不是处心积虑地想要加害于你，从这个角度上看，对方还是有资格做你的朋友的，因为对方在乎你。如果你这时候生朋友的气，或者是怨恨他，那么就会伤害朋友的心理，伤害到你们之间的感情。所以，对于女孩子来说，这时候要打心眼里去原谅朋友不经意间犯下的错误。

2. 积极主动地联系并安慰朋友

如果对方是你的真朋友，他的不小心让你受到了伤害，其实她的内心也不会好受，甚至不敢和你联系，不敢见你。这往往又会让你误会，对方出卖了你，故意和你拉远距离。因此，这时候你要放下内心的不满，主动地联系对方，接近对方，并给予适当的安慰，让他们的心不要再内疚。给予适当的感谢，让他们觉得你善解人意。

3. 一定要接受朋友的道歉

不管怎么说，是对方不合适的神情或者动作出卖了你。所以，在这时候，朋友会向你解释，要向你道歉。但很多人往往不听对方的解释，不愿意接受对方的道歉，而最终失去了一个真心对你的好朋友。其实，朋友伤害你并不是故意的，你完全没有理由和他生气。这时候你要做的便是倾听他们的解释，真心实意地接受他们的道歉。

## 朋友找我借笔记，我不想借

青春期女孩子的困惑：我不想把笔记借给朋友。

"小美，你的笔记做好了吗？"这个周末的下午，小美刚刚做完了作业，打开电视，就接到了好朋友小丽的电话。小美如释重负地说："做好了，花了整整一天的时间，累死我了，你的呢，做好了吗？"小丽无精打采地说："没有啊，我不知道怎么做，昨晚想了一晚上，脑袋都想大了，可就是想不出个模式来。真是郁闷死了。"小美安慰道："别着急，慢慢来啊。这个笔记做起来是有一些难度的。"

小丽说："要不，你帮我想想？"小美一听，连连摇头说："拉到吧，我做完我自己的都累得不行了，哪有精力帮你做啊。"听到小美拒绝了，小丽又说："要不，你把你的借给我看一下，总可以吧？"小美说："这怎么能行呢，老师要求每个人的都不一样的，我借给你，那咱俩不就一样了吗？"小丽接着说:"没事,我不抄袭你的,我主要看一下你是如何思考的,如何入手的,这样,我就知道该怎么着手了。""这个嘛……"小美有些犹豫。

"行了,别犹豫了,你就帮帮我不行吗,咱俩这么多年的好朋友了,你就忍心让我明天被老师批评啊?"小丽感觉到小美有些不情愿,很不高兴地说。听到小丽有些不高兴了,小美连忙说:"那好吧,但是你绝对不能抄袭的啊。要不然明天受批评的就是我了!"

第二天下午,老师站在教室门口说道:"小美,你们俩到我的办公室里来一下。"当小美来到老师的办公室之后,老师劈头盖脸地说:"你的笔记怎么跟小丽的一模一样啊?"小美支支吾吾地说:"不会吧。"老师把她的笔记和小丽的笔记一起放到了小美的跟前。看到这个结果后,小美真是后悔万分。

**爸妈送给小美的话:**

在这里,爸爸妈妈要跟小美谈一下不想把笔记借给朋友的话题。事实上,在学习的过程中,朋友遇到难处,作为朋友,给予朋友一定的帮助是应该的,但是帮助并不代表着说把你的笔记借给朋友去模仿和抄袭,这样只会害了他们,也害了你自己。作为女孩子,这时候要做的是,帮助你的朋友一起来分析和解决问题,帮助他们用自己的大脑去思考问题。

你需要了解的知识点：

在学习当中，朋友借笔记的问题时有发生，这时候很多孩子们不愿意借，但是还是在对方以"关系好"为幌子下，不得不借给他们，而事实上，却是害了他们。那么，遇到这种问题的时候，孩子们究竟该如何应付和处理呢？在这里，爸爸妈妈要跟孩子们一起来探讨和研究这个问题。

1. 委婉地表达你的拒绝之意

在学习当中，笔记往往是你自己的学习成果，是你付出了一定的心血所做出来的。当你的朋友不动脑经，想要从你的笔记中获得捷径的时候，往往让很多同学非常不愿意。这时候就不要勉强自己，一定要把你的拒绝之情表达出来，当然，说话的时候要委婉一些，比如："还有一些问题需要处理"，或者是"我已经借给别人了"，等等。这样，你的朋友便不好意思再向你提出借笔记的要求了。

2. 把你的帮助之情表达出来

作为朋友，当对方要求向你借笔记的时候，如果你把笔记借给了对方，那么无疑让他不动脑经，不求甚解，其实是害了他。这时候，你除了拒绝他的要求之外，还要把你想要帮助他完成笔记的想法说出来，让你的朋友在接受到你的拒绝之后，感受到你的真诚，明白你是真心实意地想要帮助他，而不是去伤害他。

**3. 不要被"朋友之情"所难**

很多同学往往觉得难为情，是因为对方总是拿"朋友之情"来指责你，觉得你作为朋友，有能力帮助他而却不愿意帮助他，从而对你产生看法。其实，作为朋友，帮助对方前进的事情当然应该去做，但是对对方有害而无利的事情千万不能去做。如果你把笔记借给了对方，你不是在帮助她，而是在害他。这样，你就不会被对方口里的"朋友之情"所为难。

## 考试时朋友让我给他抄答案

青春期女孩子的困惑：考试中，朋友抄袭我的答案让我很恼火。

"青青，把你的卷子稍微往左放一下，我就看到了。"在考试中，王启捂着嘴对她的好朋友青青说。青青望了王启一眼，并没有理睬她。王启继续说："哎呀，青青，你就稍稍往左一点嘛，我就看到了。"青青依旧没有理睬她。这时候，王启说："青青，你可是我最好的朋友，你就帮帮忙呗。"青青瞥了一眼，说："你自己做！"但是王启并没有放弃，而是继续说："青青，求求你了，你就稍微往左边放一放么，青青，帮帮忙啊。"

王启的话让青青心里乱糟糟的。因为她是青青最好的朋友，在平时对她非常非常的好，可是不知道怎么地，她对物理一点兴趣也没有，不管怎么努力，就是学不进去。为此，经常被物理老师罚站。

当然，最让她头疼的就是现在正在进行的物理考试了。"该怎么办呢？"青青心里七上八下的，不知如何是好。她知道王启是个自尊心极强的女孩子，从来不向她哀求过什么。今天，这样的哀求她，让青青着实难办。

此时，青青心里特别的难受。最终她还是把卷子往左边放了放，让王启抄了答案。考试结束后，王启走过来，对青青说："青青，今天真是多亏了你，你对我的好，我一定记着呢，晚上我请你吃饭。"青青摇了摇头说："我今天晚上有点事，回头再说吧。"说完，便回家了。

整个晚上，青青闷闷不乐。爸爸发现了之后，问道："青青，你怎么了，身体不舒服吗？"青青摇了摇头。爸爸接着问道："那是怎么了，是不是有什么心事啊？跟爸爸聊聊。"青青说："爸爸，今天在考试中，我给王启抄答案了。"爸爸说："你这是害她啊。"青青委屈地说："我也知道，可是她平日里对我特别的好，她的物理成绩又特别的差，在今天的考试中，她一个劲地恳求我，我觉得要是不帮助她就有些对不起她，可是帮了她，我心里特别的难受，我也不知道为什么。"

爸妈送给青青的话：

在这里，爸爸要跟青青谈一谈在考试中给朋友抄袭答案的问题。对于一些学习差的学生，考试非常的煎熬，因为他们不会，于是他们就会把希望寄托在一些学习好的朋友身上，希望他们能帮助自己。这就让学习好的同学很为难，帮还是不帮？帮忙似乎在为虎作伥，不帮忙又会让朋友觉得不讲义气，作为女孩子一定要做好取舍，既不得罪朋友，又不害了朋友。

你需要了解的知识点：

当朋友想抄你的答案的时候，你该怎么办？是拒绝还是应允？让朋友抄了是帮助他还是害他？是坚持是非观，拒绝呢？还是为了友谊，答应呢？在这里，爸爸妈妈和孩子们一起来探讨和研究这个问题。

1. 坚持是非观，拒绝抄袭

考试中抄袭是错误的，是弄虚作假、掩耳盗铃的表现，是在欺骗老师、家长以及学生自己。这一点，女孩子们一定要有清晰的认识。在朋友向你发出要抄袭你的答案的时候，要坚持基本的是非观念，予以拒绝。千万不要觉得难为情而把答案泄露给朋友。实际上这不是在帮助他们，而是为虎作伥、助纣为虐。如果你真的把对方当朋友，那么就不要在这个时候害他，而是要帮助他，那就是拒绝抄袭。

2. 要主动找对方表达歉意

对于很多学习差的学生来说，考试就是他们目前遇到困难的时候，如果被朋友拒绝，难免会让他们产生对你的愤恨，对你们之间的友谊失去信心。因此，考试结束之后，你要积极主动地去接近对方，表达你的歉意。尽管对方可能一时半会儿有些不理解，对你冷言冷语，但是作为好朋友，千万不要就此放弃，而应用你的真诚和耐心去赢得朋友的心，让他们明白，你是多么的在乎对方。

3. 在学习和生活中帮助他

你的朋友之所以在考试中向你求援，是因为他们不会。作为好朋友，如果你真的对对方好，那么就要在学习中和生活中多帮助他们，开导他们。让他们在学习上有所进步，在生活中有所依靠。让对方真正地明白，什么才是友谊。时间久了，对方也会因为你的有所为、有所不为的气节所征服。也会打心眼里欣赏你、佩服你，和你永远地做好朋友。

# 第12章

## 社会烦恼，青春期是向社会过渡的关键时期

融入社会，这是每一个成长中的孩子无法回避的现实。在带来新奇感觉冲击的同时，也带给了他们相应的烦恼和痛苦。对于习惯生活在象牙塔里的孩子们来说，社会生活中的方方面面让其受到了洗礼，如何化解这些痛苦和烦恼，往往成了孩子们继续解决的问题，其实这也是他们不断成长的过程。本章，我们相应地做了一定的叙述和讲解，相信能帮助孩子们更加从容淡定地融入社会，帮助他们快速地成长起来。

## 我总是被一些社会青年"骚扰"怎么办

青春期女孩子的困惑：社会青年总来"骚扰"我，让我很烦。

"爱情三十六计……"这天下午，安懋正在认真地听课，突然手机铃声大作，她急忙把手机掏出来挂了，老师和同学们正在诧异地望着她，这让安懋感觉到特别的不好意思，她赶紧把头低了下去。十几秒之后，老师接着讲课。刚刚过了两分

钟，手机铃声再次大作，安懋挂了电话，掏出手机悄悄地看了一眼，原来是上次在表姐的生日聚会中认识的男生贾。她索性把手机的电池取了。老师很不高兴地说："带手机的同学，上课的时候把手机关掉。"

放学后，安懋刚走出校门，就听见有人在叫她，回头一看，正是贾。贾走到安懋的跟前说："你怎么了啊？早上给你打电话怎么挂了啊？"安懋没好气地说："拜托，我是学生，我在上课，你一天到晚打电话算怎么回事，我跟你很熟吗？"

见安懋生气了，贾赶紧说："对不起啊，我疏忽了，给你带来了麻烦。"安懋瞪了贾一眼，说："有啥事快说，我还要急着回家呢。"贾不好意思地说："你晚上有时间吗？我想请你吃饭。"安懋一听明白了，原来贾想追求她。于是她说："没时间，我晚上还要上晚自习呢。"贾一听，急忙说："那现在去吧，反正你也要吃饭的。"安懋白了贾一眼说："我要回家，不回去的话，爸爸妈妈会着急的。"说完，没再搭理贾，踏上了回家的路。

当天晚上，安懋正在认真的学习，突然手机收到了一条短信，打开一看，又是贾，在短信里，贾说他喜欢安懋，想要追她。于是从那以后，骚扰的电话和短信接连不断，有时候贾还会去校门口等她，这让安懋很无奈。

**爸妈送给安慭的话：**

在这里，爸爸妈妈要跟安慭谈一谈社会青年总是来骚扰的话题。对于生活在校园里的学生来说，交往的主要对象是学校里的学生和老师，在偶尔参加亲朋好友的聚会时，也会接触到一些社会青年，他们会时不时地邀请你吃饭，邀请你一起玩耍，这对你的学习和生活带来了一定的影响。对于女孩子来说，这是个很危险的信号，因此当社会青年骚扰你的时候一定要想办法迅速地避开。

**你需要了解的知识点：**

对于学生来说，接触社会是避免不了的问题，和社会上的朋友偶尔有交往和接触也是很正常的。在交往的过程中，难免会引起他们的骚扰，那么，究竟如何才能避免被社会青年骚扰呢？

1. 不要随便与社会青年闲聊

一般情况下，人不可能对一个完全陌生的人进行"骚扰"，这就要求女孩子们在和社会青年接触的时候，不要随便与他们闲聊。即使你多么喜欢和欣赏他，也不要多聊。这样，社会青年对你不了解，自然不敢随便闯入到你的生活当中。有些女孩子爱交朋友，往往跟社会青年瞎聊，给对方很投缘的感觉，最终对方便要挤进你的生活中来，给你带来不必要的麻烦。

2. 不要轻易泄漏联系的方式

现在通讯非常方便，很多学生们都拿有手机，家里也都有电话。往往这些联系方式成了社会青年骚扰的主要途径。没完没了地打电话、发短信，给孩子们的学习和生活带来很大的麻烦。作为女孩子，在接触社会青年的时候，不要轻易地把你的联系方式告诉对方，包括电话号码、QQ号码等，避免对方日后对你进行骚扰。

3. 家庭住址和学校班级要保密

对于一些个人的信息要完全保密，不要随便泄露出去，比如家庭住址和你在学校里所在班级的信息，以及你日常生活的作息时间等。尽管对方貌似和你在闲聊，但是一旦你泄露出去，日后就有可能成为他们骚扰你所准备的条件。为了避免发生此类事情，女孩子在和社会青年接触的时候，对这些基本的信息一定要保密。

## 用什么样的方式接触社会才正确

青春期女孩子的困惑：接触社会应该以怎样的方式才正确呢。

"乔其，今天晚上有事情没？没事情的话咱们一起去蹦迪吧！"周五下午放学后，乔其刚到家没多久，就接到了好朋友芃羽的电话。乔其为难说："不行啊，今天晚上爸爸妈妈都在家呢，根本出不来啊。"芃羽惊讶地说："不会吧，你都这么大的人了，爸爸妈妈还要管你啊？"乔其说："是啊，很讨厌的，整天不让我做这个，不让做那个。"芃羽笑着说："还是我好，爸爸妈妈不在身边，我想干什么就干什么，也没有人来管我。"乔其无奈地说："没办法啊，看来我今晚是没有办法参加了。"芃羽笑着说："你可真是个乖乖女啊，你就对他们说今晚上学校补课不就行了，反正他们也不跟着你。"

于是，这天晚上，乔其对爸爸妈妈谎称说学校里晚上补课，赢得了爸爸妈妈的信任。出了家门一股烟地溜到了和芃羽约好的迪厅，和芃羽一起玩的孩子们很多，男男女女，穿着奇装异服，女孩子们大口地喝着酒，男生们吐着烟圈，随着音乐的节奏在不停地扭动着身躯。

这时候，芃羽递给了乔其一瓶酒。乔其摇了摇头，笑着说："我不会喝酒。"芃羽笑着说："切，别这么老土行不行，到这里玩的人哪个不会喝酒的。"说着，打开了瓶盖，把酒塞到了乔其的手里。乔其闭着眼睛，喝了一口，味道怪怪的，不像她想的那么难喝，于是接连多喝了几口。这时候，芃羽拉着乔其的手蹦起迪来。慢慢地天旋地转，她失去了知觉。

第二天，等她醒来的时候，仍躺在迪厅的沙发上。她挣扎着爬起来，走出了迪厅，打的回到了家里，此时爸爸妈妈正急得像热锅上的蚂蚁，见到爸爸妈妈后，乔其流下了委屈的泪水。

爸妈送给乔其的话：

在这里，爸爸妈妈要跟乔其谈一谈如何正确地接触社会的问题。作为青春期的孩子们，需要和社会多接触，可是社会有阳光的一面，也有阴暗的一面，接触社会要选择正确的方式，避免接触到社会的阴暗面，给自己带来身心的伤害。为此，和老师以及同学们参加一些积极的社会活动，或者是在父母的陪同下参加一些社会活动，来了解社会。千万不要跟着社会上一些不三不四的朋友进出酒吧和歌厅这种场所。

你需要了解的知识点：

随着孩子们进入了青春期，对外界知识的获取越来越强烈，对参与社会的欲望也越来越强烈，这时候，要选择正确的途径去了解社会，那么，这些正确的途径包括哪些方面呢？在这里，爸爸妈妈要和孩子们一起来讨论这个问题。

1. 在老师的带领下参加

一般情况下，青春期的孩子们在学校里，有老师对他们负责。因此，在老师的陪同下参加一些社会活动。比如，到烈士陵园扫墓，或者参加植树劳动等。这些社会活动，让孩子们有机会真实地接触到社会，对孩子们的身心有很大的帮助。同时，又不会对孩子们的身体造成伤害，可谓是最好的方式。

## 2. 在父母的陪同下参加

除了老师的陪同之外，孩子们还可以在父母的陪同下，融入到社会中去。比如，跟随父母拜访亲戚，或者是一起逛街买东西等。参加社会活动，有父母的陪同，孩子们的安全是可以保障的，因而接触的人也是可靠的。在这些接触中，孩子们可以慢慢地了解社会，融入到社会中去。

## 3. 要和同学们有组织地参加

很多孩子们觉得有父母和老师陪同，会让他们少了很多的自由，觉得不舒服。于是想尽一切办法想要逃离父母。父母越不让做的事情，他们越想做。比如，男生偷着抽烟，女孩学着化妆等。事实上，即使离开了父母和老师，孩子们一样可以组织起来，参与社会。例如，在街上设立爱心救助站，帮助别人指路等。

# 我能参加一些社会活动吗

青春期女孩子的困惑：社会上的活动我能多参与吗？

"妈妈，这个周末我要和同学们一起去敬老院慰问孤寡老人，你给我准备一些爷爷奶奶不穿的衣服，我带给他们。"星期五下午放学后，小丹一进家门就对妈妈这样说道。妈妈惊讶地说:"干吗去?"小丹大声说:"去敬老院慰问老人。"妈妈说:"你整天就瞎折腾,不知道今年是高三吗?不好好学习,慰问什么呀。"小丹不解地说:"妈妈,这可是献爱心的事情,是好事,你为什么要阻止啊?"

妈妈反问道:"你们不去慰问,老人的生活就没法继续吗?"小丹说:"肯定不会啊。"妈妈说:"那你们为什么要去啊?"小丹急了,说:"妈妈,同学们都去呢,我也应该去啊。"妈妈严肃地说:"不许去,明天你给我好好地待在家里学习。"小丹抱怨道:"整天就是学习,我都快闷死了,你怎么就不让我去参加一些社会活动呢?"妈妈说:"你真的想奉献爱心,想去看望老人?"

小丹说:"那当然了,要不然我给你费这么多口舌干嘛。"妈妈笑着说:"你如果真的想奉献爱心,那么明天跟着我去看望你姥姥姥爷,他们也是老人,也需要你奉献爱心出来。再说了,你多长时间没有去看望姥姥姥爷了?我真搞不懂,你不去看望姥姥姥爷,却要去慰问不相干的人。"

小丹气得直流眼泪,但是没有办法,也只好听从妈妈的安排。

爸妈送给小丹的话:

在这里,爸爸妈妈要跟小丹聊一聊多参加社会活动的事情。事实上,对于青春期的孩子来说,身体和智力的发育基本上已经接近成年人,所以渴望参加更多的社会活动,融入到社会中去。可是对于这个时期的孩子们来说，对社会还不是太了解，对很多社会活动本身后面的意义还不能完全明白，如果盲目地参加过多的社会活动，势必会耗费时间和精力，对学习和生活带来一定的影响。

你需要了解的知识点：

看着五彩缤纷的花花世界，青春期的孩子们更加渴望去扮演社会上的角色，融入到社会中去，那么，对于孩子们来说，究竟能不能参加社会活动呢？多参加好，还是少参加好呢？在这里，爸爸妈妈和孩子们一起来探讨和研究这个问题。

1. 有选择地适当参加

对于孩子们来说，社会是新鲜的，因而总是希望能多参加一些社会活动，但是，孩子们的主要任务是学习，参加的社会活动太多，势必会分散精力和时间，对孩子们的学习造成一定的影响。因而，对于女孩子来说，并不是参加的社会活动越多越好，而是要选择一些对孩子有教育意义的活动，对孩子的成长有帮助的活动去参加。

2. 把精力放在学习上

即使社会活动再有意义，对于学生来说，主要的任务是学习。如果学习学不好，参加再多的社会活动，对孩子们来说都没有太大的意义。因此，把精力主要放在学习上，把学习搞上去，业余时间抽空参加一些有意义的社会实践活动就可以了。当然，也不能只顾埋头读死书，对社会上的事情一无所知。

3. 深刻认识社会活动

很多社会活动，听起来冠冕堂皇，而实质上却不是那么回事。对于此，孩子们要有清晰的认识，不能被大口号所鼓动，成为别人手里的枪，任意被人使唤。比如孩子们参加社会劳动，背后是否有金钱交易？孩子们参加文明执法，那么交警在这个时候干吗去了？等等。作为女孩子，要清晰地分析社会活动后面是否有人别有用心？

## 寒暑假，我想去打工

青春期女孩子的困惑：在假期想找份工作锻炼自己。

放暑假已经是第三天了，惠儿依旧是每天吃喝玩乐，没有什么正事可做。这天，妈妈问道："惠儿，我看你每天无所事事，要不，我给你报个舞蹈班，你去学习舞蹈吧。"惠儿听了说："不，妈妈，我有自己的计划，我想在暑假找份工作，好好锻炼一下自己。"妈妈笑着说："你行吗？现在不是你挣钱的时候，再说了我们家也不缺钱花。"惠儿说："妈妈，我去做工作不是为了赚钱，我想让自己得到锻炼。每天都在啃书本，我都快成一个废人了。"妈妈想了想说："行吧，只要你觉得有意义，那么你就去干吧。"

于是，惠儿开始在暑假找工作，可是几天过去了，惠儿灰头土脸地坐在沙发上不言语。妈妈见了问道："惠儿，怎么了啊？怎么看起来不高兴啊。"惠儿抱怨说："很多地方都不需要假期工，即使要也是需要有工作经验的人，你说我有什么工作经验啊。"妈妈想了想说："我好像看到哪个超市需要服务员，要不你去看看。"惠儿一撇嘴说："超市服务员？我才不要干呢。总是被人呼来喝去的，没有一点儿尊严。"

妈妈笑着说："那你想干什么工作啊？"惠儿摇了摇头说："我也不知道自己想要干啥工作。"妈妈说："我看你还是老老实实地报个名去学习舞蹈吧。省得每天虚度光阴。"惠儿不耐烦地说："可我真的想找份工作好好地锻炼一下自己嘛。"妈妈说："那好吧，我再给你三天的时间，如果三天之内你能找到一份让你满意的工作，那么就去锻炼，如果找不到，就乖乖地报名去学习舞蹈。"

第三天，惠儿不得已在超市做服务员的工作，刚干了一天，她就开始摇头了。后来，还是听从了妈妈的意见，去报名学习舞蹈了。

**爸妈送给惠儿的话：**

在这里，爸爸妈妈要跟惠儿聊一聊假期里找工作锻炼自己的问题。对于孩子们来说，在假期中找份工作锻炼自己确实是个接触社会的好办法。可是，对于生活在象牙塔里的孩子们来说，究竟如何才能改变角色呢？这是需要考虑的问题。对于女孩子来说，如果你不能很好地转变角色，那么就不要去浪费时间，让自己生活在痛苦和压抑之中，当然，如果能找到让自己心满意足的工作，那么锻炼一下自己也未尝不可。

你需要了解的知识点：

对于孩子们来说，一天天的长大，急于想证明自己的心情是完全可以理解的。但是在暑假里找份工作来锻炼自己，虽说是好事情，但是未必适应每一个人。那么，对于女孩子来说，如何才能做到这一点呢？在这里，爸爸妈妈要跟孩子们一起来探讨这个问题。

1. 要搞明白你的目的是什么

很多青春期的孩子们想找份工作锻炼自己，融入社会的想法是好的，可是却不能转变自己的角色。想问题的方式和方法还是学生的那一套，这就与社会格格不入。这让很多孩子不能接受，因而锻炼自己也就成了一句空话。作为女孩子，要明白你参加工作的目的不是为了挣钱，而是为了锻炼自己，那么多付出一些又有什么不可以呢？

2. 要有坚忍不拔的毅力

对于没有参加过工作的学生们来说，对找到的第一份工作往往不是十分满意。因而，如果意志不坚定，很容易坚持不下去，中途放弃，那么锻炼自己的想法也就没有了意义。对于女孩子来说，如果你真的想锻炼自己，那么不妨咬紧牙关，坚持下去，只有这样才能让你真正地得到锻炼，真正地认识到生存的艰辛。

3. 对自己要有清晰认识

很多孩子对自己的认识并不清晰，总觉得自己很了不起，可是真正到社会上找工作的时候，却发现没有自己的立锥之地，好的工作找不上，不好的工作又不愿意做，从而让自己陷入两难的境地。对于女孩子来说，在找工作之前一定要对自己有清晰的认识，你有什么能耐？能胜任什么工作？而不是你希望自己能做什么工作。当你明白这一点的时候，也就是你成熟的时候。

## 网络交往是不是都是骗局

青春期女孩子的困惑：计算机网络中的社会是不是充满了欺骗？

"栋盯，你这么晚了不睡觉在干什么啊？"这天晚上，已经快午夜零点了，栋盯房里的灯还亮着，妈妈关切地问道。栋盯说："没干什么啊，妈，你先睡吧，别管我。"妈妈轻轻推开房门一看，原来栋盯还在上网，于是悄悄地来到了栋盯的身边，栋盯正在和网友聊天，聊得热火朝天，冷不丁一转头，发现妈妈站在边上,她说:"哎呀,妈,你怎么不出声呢,大半夜的,你想吓死我啊。"妈妈有点生气地说:"我怎么没出声,是你戴着耳麦呢,没听着啊。"

栋盯不耐烦地关了聊天窗口,说:"妈,你看什么呀,尊重一下我的隐私好不好啊。你赶紧去睡觉吧。"妈妈气呼呼地说:"大半夜的不睡觉,聊什么呢,跟谁聊的?"栋盯说:"妈,我还能跟谁聊啊,当然是网友呗。"妈妈说:"赶紧睡觉!都不认识,聊什么呀。"栋盯气呼呼地说:"哎呀,妈,你怎么这么啰唆呢,赶紧睡你的觉去,你老看着我干什么啊!"妈妈严肃地说:"给你三分钟,马上给我关掉电脑!"说完,关上门走了。

第二天,爸爸叫住了栋盯说:"栋盯,你妈妈说你晚上不睡觉,跟网友聊天呢,这到底是怎么回事?"栋盯不好意思地说:"噢,我在网上认识一个当老师的,她跟我谈了谈心。"爸爸笑着说:"你怎么知道她是当老师的呢?"栋盯认真地看着爸爸说:"真的,是她亲口跟我说的,她不会骗我的。"爸爸笑着说:"栋盯啊,网上的社会真真假假,不可信呀!她说她是老师,就是老师啊,你问过了吗,她是哪里的老师,教什么科目的,在哪里上的大学?这些你都了解了吗?"栋盯摇了摇头。爸爸一本正经地说:"栋盯,网络社会很危险,完全不像你想的那样,你有闲时间了,可以做点有意义的事情好吗,别整天泡在网络上,没多大意义。"

**爸妈送给栋盯的话：**

在这里，爸爸要跟栋盯聊一聊网络社会是否存在欺骗的问题。事实上，随着科技的发展，网络科技得到了普及，出现了网络社会。但是由于网络社会中的人都是虚拟的，这就给虚假和欺骗的产生创造了机会。很多违法犯罪的事情在网络上时有发生。可以这么说，网络社会比现实社会存在更多的阴暗面。对于处于青春期的女孩子来说，过早的涉足网络社会，并不是一件好事情。

**你需要了解的知识点：**

随着网络的迅速普及，孩子们或多或少地被拉入了网络社会，结识了很多网络中的人，在增加社会阅历的同时，也面临着更多的危险。对于这种情况，究竟女孩子该如何在网络社会中健康地成长呢？在这里，爸爸妈妈要跟孩子们一起来聊一聊这个话题。

1. 要合理安排学习和上网的时间

随着网络的普及，很多孩子们都在不知不觉中成为了网友。在学习之余，往往泡在网络上聊天和游戏。尽管这在一定程度上排遣了孩子们的寂寞，但是对于一些自制力差的孩子，沉迷于网络会严重地影响学习。对于女孩子来说，一定要注意，不要一味地为了游戏和聊天而花费了太多的精力，影响了学习。

2. 不要随便透露自己的个人信息

由于网络中的人都是虚拟的,孩子们在网络上网游,就会有了一定的危险性,再加上孩子们对于是非的判断还不明确,对现实社会的阴暗认识不够,很容易将自己的真实信息透漏出去,给自己增加了危险系数。对于这一点,作为女孩子尤其要注意,不要把自己的事情随便说给陌生人听,即使你对对方的感觉再好,也不要随便说出。你越保密越安全。

3. 不要轻易相信网络中人的话

在和网友的聊天中,很多孩子们特别容易相信别人,对方不论说什么都信以为真。其实这是很危险的。因为网络的虚拟性,对方说话可信度就大大地降低了。这一点,孩子们要有清晰的认识,尤其是女孩子,心地善良,更容易被别人的话打动。因此,对待网络中的人说的话,不要轻易去相信,以免上当受骗。

# 参考文献

[1]沧浪.女孩成长记[M].北京：中国妇女出版社，2014.

[2]杜金环.爸妈说给青春期女孩的心里话[M].北京：中国纺织出版社，2012.

[3]爱舒.完美女孩青春期手册[M].北京：中国纺织出版社，2017.

[4]云晓.青春期女孩，请听听爸妈的心里话[M].北京：朝华出版社，2011.